데이터, 알고리즘, AI 예술

AI문고

인공지능 시대입니다. 기계가 인간의 인지를 대신하고, 사물이 인간을 통하지 않고 다른 사물과 직접 커뮤니케이션합니다. 이에 따른 인간 삶과 문명 변화를 정확히 이해·예측·대응하는 것은 이 시대 우리 모두의 과제입니다. AI문고는 인공지능 기술과 환경의 여러 주제를 10가지 키워드로 정리합니다. 관련 개념과 이론, 학계와 산업계의 쟁점, 우리 일상의 변화를 다룹니다. 인간과 기술의 현재, 미래를 세심히 분석합니다.

일러두기

- 인명, 작품명, 저서명, 개념어 등은 한글과 함께 괄호 안에 해당 국가의 원어를 병기했습니다.
- 외래어 표기는 현행 어문규정의 외래어표기법을 따랐습니다. 다만 '딥러닝', '제너러티브 아트', '씩데이터' 등은 관행을 따랐습니다.

처음이세요?

전문가세요?

데이터, 알고리즘, AI 예술

김영희

대한민국, 서울, 커뮤니케이션북스, 2026

데이터, 알고리즘, AI 예술

지은이 김영희
펴낸이 박영률

초판 1쇄 펴낸날 2026년 1월 5일

커뮤니케이션북스(주)
출판 등록 2007년 8월 17일 제313-2007-000166호
02880 서울시 성북구 성북로 5-11
전화(02) 7474 001, 팩스(02) 736 5047
commbooks@commbooks.com
www.commbooks.com

ISBN 979-11-430-1026-1 03500

책값은 뒤표지에 표시되어 있습니다.

차례

데이터와 AI는 현시대의 뉴미디어인가?

이제 우리가 세상의 지식을 쉽게 검색할 수 있고 글, 이미지, 영상과 같은 콘텐츠를 빠르게 생성시킬 수 있는 AI 기반 툴은 예술 창작을 위한 툴에서 뉴미디어로 진화하고 있는 듯하다. 마치 1980년대 말 그래픽 작업이 가능한 컴퓨터가 소개되었을 때 컴퓨터 그래픽 툴은 소수가 사용 가능한 첨단 기술을 응용한 툴로 인지되었던 것처럼 말이다. 저자가 1980년대 말 미국에서 학부 시절 애플 LC II에 설치된 일러스트레이터 툴의 초기 흑백 버전을 처음 마주했을 때에는 마우스로 컴퓨터 스크린에 작품을 그리는 도구로서 그 성능은 놀랍고 흥미로웠다. 하지만 10년 후, 뉴욕대(New York University)에서 인터랙티브 미디어(Interactive Media) 석사 과정 중에 다양한 영상을 제작하거나 직접 코딩을 하여 사용자와 인터랙션이 가능한 프로젝트를 제작할 수 있는 컴퓨터를 마주했을 때에는 더 이상 툴이 아닌 뉴미디어였다. 시각화할 수 있는 창의적인 코딩 및 컴퓨터 아트가 발전하면서 컴퓨터가 툴에서 매체로 변환되어 뉴미디어가 되었던 것을 저자는 직접 피부로 느꼈다. 이젠 미디어 아트에서 디지털 매체는 주도적 매체로 자리 잡았기에 현시대에서는 뉴미디어라고 명명하는 것조차 무색하다. 지금은 상호작용성(interactivity)과 네트워크 연결성이 두드러진 게임, 인터넷, 컴퓨터, 확장 현실, 메타버스와 같은 매체를 뉴미디어로 보고 있다.

마셜 매클루언(Marshall MacLuhan)은 그의 저서 《미디어의 이해(Understanding Media)》에서 뉴미디어의 콘텐츠는 올드 미디어가 된다고 했다. 올드 미디어인 연극의 콘텐츠가 과거의 뉴미디어였던 영화라는 매체에 담기고, 이제 TV 콘텐츠가 유튜브(You Tube)와 같은 인터넷 영상 플랫폼에 담기듯이 말이다. 인간과 컴퓨터의 상호작용인 HCI(Human Computer Interaction)는 데이터와 알고리즘 기술의 발전으로 제너러티브하고 인터랙티브한 뉴미디어로 발전되었고, 뉴미디어는 동시대의 기술과 문화적 콘텐츠가 만났을 때 생겨나는 듯하다. 이렇듯 뉴미디어 예술가와 디자이너들은 동시대의 새로운 기술을 실험적으로 탐색하면서 예술의 한계를 넓히는 작업을 한다.

처음 생성형 AI 모델 서비스가 대중들에게 선보이면서 그 기술적 도약을 체험했을 때, 저자는 앞으로 인간보다 더 똑똑해질 인공지능을 보면서 어떻게 하면 인공지능과 다르게 생각할 수 있을지 아니면 인간만이 가지고 있는 속성과 장점이 무엇일지 생각해 보았다. 아마도 약간의 두려움과 설렘이 함께한 지극히 인간적인 반응이었지 않았을까 생각한다. 하지만 곧 관점을 바꾸어 컴퓨터가 처음 등장했을 때를 상기시켜 보면서 뉴미디어로서의 AI의 가능성을 고찰하게 되었다. 새로운 매체의 등장은 과거에도 그러하였듯이 우리의 생각, 일상, 경제, 정치 등 다방면의 변화를 이끈다.

예술적 관점에서 AI를 뉴미디어로 본다면 기존의 매체와 다른 새로운 속성을 지니고 있다. AI는 단순한 콘텐츠 생산 도구의 차원을 넘어 능동적 매체로 기능하기에 사람이 주도하여 컴퓨터로 창작하는 기존 뉴미디어와 다르게 데이터 입력을 해석하고 상황에 맞는 결과물을 실시간적으로 새로 생성할 수 있으며, 때로는 창작 방향까지 제안한다. 매체가 스스로 콘텐츠를 만들어 내는 구조가 형성되기에 AI는 기존 디지털 도구와 질적으로 상이한 창작 환경을 제공한다. 이는 놀라운 기술적 도약이 아닐 수 없다.

AI가 만들어 내는 작품이 저작권 문제 없이 진정한 예술이라고 할 수 있는지에 대한 논란은 계속되지만 예술의 경계는 매체 기술과 함께 확장되며 진화하는 것이다. 여기서 한 가지 확실한 점은 AI 예술은 인간, 데이터, AI가 결합하여 협업까지 이어지게 되는 새로운 개념의 창작이라고 할 수 있다.

1990년대 컴퓨터 기기의 대중화로 디지털 매체가 발전하였고, 이를 기반으로 2000년대의 새로운 기술이라고 할 수 있는 휴대 가능한 모바일 기기는 네트워크 기반의 콘텐츠 디자인과 사용자 인터랙션을 더욱 확장된 뉴미디어로 이끌었다. 이와 같이 뉴미디어의 속성인 네트워크와 상호작용은 생성형 크리에이티브 코딩과 같은 새로운 창작 방식의 확장을 도래하였다. 그렇다면 지금의 뉴미디어 아티스트들에게 새로운 창작 방식으로 실험적 사고와 가능성을 주고 있는 새로운 기술은 단연코 인공지능(Artificial Intelligence)이라고 볼 수 있다. 어쩌면 AI는 뉴미디어를 넘어서는 새로운 형태의 미디어로 진화해가는 중일 지도 모른다. 이러한 새로운 창작 환경에 유연하게 적응하고 도전하는 새로운 창작자들에 의해 디지털 예술의 패러다임이 또 한 번 크게 바뀔 듯하다.

왜 데이터인가

우리는 일상적으로 CCTV가 있는 엘리베이터를 타고 외

출해 교통 카드로 대중교통을 이용하거나 지도 애플리케이션을 보면서 운전을 한다. 우리가 온라인에서 무심코 눌렀던 '좋아요', 지나쳤던 거리, SNS에 올렸던 사진과 글, 온라인 쇼핑 등 우리의 생각, 선택, 표현 등이 매일 데이터가 되어 방대한 양으로 축적되고 있다. 현재 우리는 데이터로 포화된 세상에 살고 있다. 데이터의 수집과 사용은 이제 유비쿼터스(ubiquitous)하며 인터넷은 빅데이터라는 엄청난 양의 데이터를 제공해 주고 있다. 우리가 온라인에서 표출한 의견, 선택한 제품, 무심코 했던 행동은 데이터화되어 가까운 미래에 출시할 새로운 제품, 혹은 새로운 제도를 위해 가공되고 분석된다. 또한 이러한 데이터로 우리가 메타버스라고 부르는 미러링(mirroring) 지구가 완성되기도 하고 인공지능을 학습시켜 우리와 대화를 가능하게 하고, 우리가 상상하는 이미지, 영상, 음악 등과 같은 콘텐츠를 생성하기도 한다.

우리의 일상적 행동과 선택, 생각의 표현이 디지털화되어 실로 어마어마한 양의 데이터로 매일 모이고 축적되며 가공되고 분석되어 이제는 현대 사회가 단순한 빅데이터 시대를 넘어, 알고리즘과 인공지능(AI)의 시대로 진입했음을 보여 준다. 이렇게 방대한 데이터 기반의 정보 기술 환경은 인공지능의 급진적인 발전을 가능하게 하는 원동력이 된다.

디지털 혁명은 우리를 제4차 산업혁명으로 이끌어 주었는데, 2016년도에 개최된 World Economic Forum (WEF)에서는 이 산업혁명을 물리적, 디지털, 생물학적 세계의 경계를 허물고 기본적으로 우리가 살고, 일하고, 서로 연계하는 방법을 바꿀 것이라고 정의를 내린 바 있다. 이처럼 4차 산업혁명으로 넘어가면서 우리는 HCI (Human Computer Interaction)와 센서(Sensor), 하드웨어, 소프트웨어 기술의 발전에서 웨어러블(Wearable), 빅데이터, 사물 인터넷, 로보틱(Robotic), 인공지능, 바이오테크놀로지의 혁신적인 발전으로 빠르게 변화되고 있는 현실을 마주하게 되었다.

레프 마노비치(Lev Manovich)와 보나 보이드(bona boyd), 케이트 크로포드(Kate Crawford)와 같은 학자들은 이미 2010년도 초에 빅데이터 시대에 도래했다고 하였다. 약 15년이 지난 지금은 빅데이터 시대를 지나 알고리즘의 시대에 들어서 빅데이터를 분석하여 새로운 제품과 서비스 혹은 제도를 위해 미래를 예측하고 있다. 빅데이터 분석에는 이제 인공지능(AI)이 적극 활용되고 있다. 인공지능을 학습시키기 위해서는 양질의 데이터가 꼭 필요하다고 볼 수 있기에, 데이터는 21세기의 연료

(fuel)라고 불리고, AI를 논하려면 반드시 먼저 데이터를 논해야 한다.

데이터, AI와 예술

AI를 학습시키기 위해서는 양질의 데이터가 필요하다. 이러하기에 생성형 AI 모델 서비스 애플리케이션은 데이터 기반이라고 할 수 있다. 데이터와 인공지능, 이 둘은 서로 뗄 수 없는 관계를 가지고 있기에 데이터를 예술적 소재로 다루다 보면 필연적으로 데이터 아트에서 AI 아트로 발전되는 것을 볼 수 있다.

우리의 삶 속에서 일상적으로 축적되는 방대한 데이터는—비록 일부이지만—작든 크든 우리 개인과 사회를 넘어 자연과 환경 등에 대한 많은 내용을 담는다. 그러하기에 데이터는 동시대의 사회와 문화를 가장 빠르게 반영하고 있기도 하다. 데이터는 우리 사회의 초상화를 그려 줄 수도 있고, 우리 사회의 전경을 풍경화로 그려 줄 수도 있다. 작가가 데이터를 예술적 소재로 탐색하다 보면 접근법과 시각에 따라 데이터가 그 속에 내재되어 있는 콘텐츠와 의미를 찾을 수 있다. 그 과정에서 창작자는 데이터의 주제가 되는 개인이나 사회적인 이슈에 대한 예측하지 못한 새로운 인사이트(insight)를 얻거나 작품의 새로운 방향성을 얻을 수 있기도 하다. 또한 그 과정에서 창작자가 이미 가지고 있었던 데이터 편향성을 마주할 수도 있다. 우리의 세상은 이미 다양한 편견이 존재하기에 수집된 데이터 또한 그러한 편견과 편향성을 고스란히 반영하고 있기 때문이다. 이 점이 데이터를 예술적 소재로 볼 때 가장 흥미로운 부분이고, 디자인과 예술 분야의 독자들도 흥미를 느껴야 하는 부분인 것 같다.

방대한 데이터가 축적되는 속도만큼 새로운 AI 모델 서비스의 발전 속도도 가속도가 붙는 듯하다. 그러하기에 저자는 현재 진행형으로 발전되고 있는 창작 환경의 생성형 AI 기술 서비스 툴 자체에 대한 내용보다는 AI와 예술의 방향성에 대하여 논하려고 한다. 이제 AI 기술의 발달로 그림을 그리는 손재주가 없어도 다양한 스타일로 그림과 영상을 생성시키는 것은 상상력과 시각적 연출력을 갖춘다면 가능하다. 동시에 예술가에게 상상하는 것을 서술하여 표현하는 어휘력도 중요해졌다. 이제 프로그래밍 언어를 몰라도 '바이브 코딩(vibe coding)으로 간단한 웹사이트와 모바일 앱을 제작할 수 있다. 바이브 코딩은 AI 기반 서비스 툴로 자연어로 프로젝트를 설명하여 AI로 코드를 생성시켜서 개발하는 것을 말하는 데 단점도 있다. 전문적으로 서비스 애플리케이션을 출시할 때에 전문적인 개발자가 체크하지 못한 여러 버그 이슈 때문에 아직은 문제점도 많다. 하지만 여기서 중요한 점은 기존 미디어의 예술가에게 미적 이미지와 영상 생성과 더불어 코딩이 쉬워진다는 것이다. 또한 새로운 음원도 생성시킬 수 있으며 원하는 목소리도 만들 수 있다.

이렇게 AI 기술의 발전으로 인해 예술가에게 짧은 시간에 밀도 높은 영상을 제작할 수 있는 창작 환경이 주어진다. 물론 AI가 생성시키는 콘텐츠는 모두 데이터를 학습하여 생성시키는 것이기에 작가만의 독창성을 구축하기 위해서는 그만한 노력 또한 따를 것이다.

오늘날의 예술

예술을 정의하는 범위는 매우 넓고 하나로 정의하기가 점점 어려워지고 있다. 그건 역사적으로 예술의 의미는 변화되고 확장되어 왔기 때문이다. 예술을 뜻하는 Art의 어원은 라틴어 아르스(Ars)에서 왔으며, 아르스는 그리스어 테크네(Techne)에서 유래했다. 고대의 아트(art)의 의미는 현대 예술과 같은 개념은 아니었기에, 테크네를 바탕으로 기예라고 간주했다. 이런 기술로서의 예술이 미적 의미로 한정되어 기술과 구분되기 시작한 것은 18세기부터이며 재생이나 부활을 뜻하는 르네상스를 통해

서였다. 르네상스는 고대의 문예와 예술을 재현하려는 움직임으로 인간 중심적인 관점을 창조하는 움직임이라고도 한다. 여기서 저자가 개인적으로 흥미롭게 여기는 부분은 현대 예술에서도 기술을 탐구하는 미디어 아트의 영향을 뚜렷하게 볼 수 있다는 것이다. 현대에도 기술은 예술에 중요한 역할을 하고 있으며 예술과 기술이 융합되는 이 시점에 아트(Art)의 어원을 찾아보면서 예술과 기술이 다시 하나가 되어가는 것이 아닐까 하는 생각도 든다. 물론 같은 형태가 아닌 진화된 형태로 말이다.

AI 예술을 예술과 첨단 기술의 융합으로 본다면, 먼저 데이터를 예술적 시각과 사고로 탐색해 보아야 AI 예술을 이해할 수 있다. AI에게 양질의 데이터는 자동차를 달리게 하는 연료와 같기에, AI를 논하려면 먼저 데이터를 논하여야 한다. 데이터로 주도하여 창작하는 데이터 아트, 규칙과 알고리즘으로 작품을 생성시키는 제너러티브 아트, 데이터로 학습된 AI로 창작된 AI 예술 모두 동시대의 예술을 이해하고자 하는 독자에게 데이터, 알고리즘, AI가 순차적으로 예술과 융합되어 뉴미디어 아트로 발전되는 과정을 저자는 흥미롭게 풀어 보여 주려고 한다.

모든 예술가가 데이터나 AI를 창작에 활용할 필요는 없다. 늘 그래왔듯이 인간이 직접 수동으로 창작하는 전통적인 예술은 그 튼튼한 뿌리에서 뻗어 나와 새로운 기술과 시대에 적응하며 순수 예술 분야로 지속적으로 발전되고 있기 때문이다. 하지만 예술가들은 늘 새로운 기술에 관심이 많은 종족이기에 동시대의 첨단 기술인 AI에 지대한 관심을 가지고 있는 것 같다.

데이터와 AI는 첨단 기술에 의한 창작의 도구를 넘어 이미 매체로서 뉴미디어라고 볼 수도 있기에 디지털 미디어를 다루는 데서 이 새로운 창작법에 적응한 새로운 부류의 뉴미디어 아티스트들이 생겨날 듯하다. 그들은 인간처럼 혹은 인간보다 더 똑똑하게 사고하는 인공지능을 마주하며 무엇이 인간을 인간답게 만드는 지에 대한 본질적인 고찰을 하게 될 것이며 포스트휴머니즘을 재정의해야 할 것이다. 예술가가 인공지능으로 작가의 또 하나의 페르소나를 만들어 대화를 나누거나 또는 생성형 인공지능과 협업으로 창작의 결과물을 내는 과정에서 새로운 창작의 패러다임을 키우는 씨앗을 내리지 않을까 기대된다.

참고문헌

김영희(2021.4.9). "데이터 편견, 데이터아트로 승화하다". AI타임스. https://www.aitimes.com/news/articleView.html?idxno=134774

김영희(2023). "데이터, 알고리즘, AI와 예술: 홍익대학교 디자인컨버전스학부 대학혁신지원사업 사이버강의콘텐츠개발 보고서". 홍익대학교.

김영희(2025.10.1). "데이터로 표현하는 데이터아트". 《월간 국회도서관》. 534, 30~33쪽.

레프 마노비치(2004.11). 《뉴미디어의 언어》. 서정신 옮김. 생각의나무.

문성준(2017). "예술이란 무엇인가". 《그림의 눈, 철학의 말》. 브런치북.

임대준(2025.11.8). "'바이브 코딩', 콜린스 사전 올해의 단어 선정", AI타임즈. https://www.aitimes.com/news/articleView.html?idxno=203822

boyd, d. & Crawford, K.(2012). Critical Questions For Big Data. *Information, Communication & Society, 15*(5), pp.662~679.

Epstein, Z., et al.(2023). Art and the science of generative AI. Science, 380(6650), pp.1110~1111.

Kim, Y.(2022). Art Thinking on Data and AI. *Journal of Gifted Education in Arts, 7*, pp.63~81.

Kim, Y.(2020). Seeking For Outliers: Artistic Exploration of Data Through Creative Practice. Ph. D. thesis, Queensland University of Technology. https://eprints.qut.edu.au/206985

McLuhan, M.& Lapham, L.(1994). *Understanding media: The Extensions of Man*. McGraw-Hill.

Wikipedia. Macintosh LC family. https://en.wikipedia.org/wiki/Macintosh_LC_family

01
데이터

일상적으로 수집되고 분석될 수 있는 정보의 조각인 데이터는 무엇인가? 데이터의 정의로 시작하여 데이터를 보는 시각과 왜 데이터가 알고리즘과 AI 시대에 중요한지에 대해 다룬다.

기후 위기와 인공지능?

데이터의 정의

데이터는 이제 일상적인 대화 속에서 쉽게 언급되는 용어로 우리에게 결코 낯설지 않다. 빅데이터, 스몰데이터, 오픈데이터 등 데이터의 분류는 다양하고 그 활용성도 다양하지만 아마도 대부분 데이터가 본질적으로 무엇인지 깊게 생각해 보지는 않았을 것이다.

저자가 지난 연구의 결과로 데이터의 정의를 내려 보자면, '데이터의 범위는 우리가 생각할 수 있는 만큼 넓어질 수 있지만, 데이터는 감지될 수 있고, 수집될 수 있으며, 저장될 수 있고, 식별할 수 있으며, 가공될 수 있는 오브젝트(Object), 변수(variable), 혹은 정보의 조각들이라고 할 수 있다.'

데이터는 매우 다양한 형태인데 이러한 데이터를 모아 분석하거나 혹은 이해하면 정보가 된다. 이렇게 가공된 데이터가 정보가 되고 그 정보를 이해할 수 있도록 의미화하면 지식이 된다. 예를 들자면, 특정 지역의 부동산 거래가에 대한 데이터를 모아서 분석하였을 때, 부동산 거래의 감소 및 증가에 대한 정보를 알아낼 수 있다. 그리고 그 정보는 올해 경제적 요인으로 부동산 거래 감소 및 증가라는 지식의 형태로 이해가 될 수 있는 것이다. 또한 가공된 데이터가 정보가 되고 정보를 이해하여 의

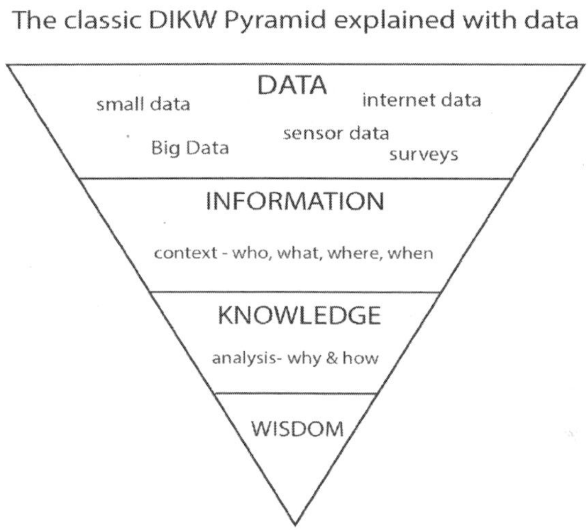

그림 1-1. DIKW 피라미드(Kennedy, 2015)의 빅데이터 DIKW 피라미드에서 발전된 형태(Kim, 2018; Ackoff, 2007).

미화하면 이에 대한 인사이트(insight)를 얻을 수 있으며, 이는 사회에 대한 지식이 된다. 그리고 이러한 지식을 모아 사회적 문제에 대한 지혜를 얻을 수 있다. 이러한 계층도를 나타낸 도표를 DIKW 피라미드라고 한다. 데이터를 다루는 이는 한번쯤 마주칠 이 DIKW 피라미드는 데이터(Data), 정보(Information), 지식(Knowledge), 지혜(Wisdom)의 계층도를 나타낸다.

데이터의 특성과 종류

데이터의 특성을 잘 이해해야 창의적인 활동에 활용해서 유의미한 결과를 볼 수 있다. 가장 두드러진 특성은 데이터는 동시대의 사회적, 문화적 배경과 상황을 반영한다는 것이다. 이는 그 다음 특성인 데이터가 시간에 민감한 부분과 연관이 깊다. 데이터는 실시간적이거나 기록된 정보의 조각이다. 역사적인 기록이 될 수도 있고, 순간의 기록으로 잠시 후 소멸될 수도 있다. 또한 데이터는 사생활 보호와 공개 혹은 비공개에 민감한 내용을 지니고 있다. 데이터는 수집될 수 있으며, 분류될 수 있고, 그 속에 숨겨진 이야기를 찾을 수 있다.

또한 수집과 분석하는 과정에서 소속된 사회와 문화의 영향을 받고, 개인적 경험에 따라 주관적으로 분류되고 해석될 수 있다. 이는 사회 속 편향성이 데이터에 내재되어 있기 때문이다. 데이터 편향성에 대하여는 천천히 서술하기로 하고 먼저 데이터 타입에 대해 알아보자.

데이터 통계에서는 변수로서의 데이터를 크게 범주형과 숫자형으로 분류한다. 범주형은 카테고리형으로 라벨이나 순서를 나타내기도 한다. 이렇게 범주형은 데이터가 가진 특성을 나타내는데 그 예로는 성별, 사용 언어와 같은 설명적인 것 또는 간혹 1/0와 같은 숫자와 함께 나타나는 것일 수도 있다. 숫자형은 말 그대로 숫자로 된 데이터를 말한다. 이렇게 1단계로 데이터를 분류하는데 좀 더 세밀하게 데이터를 분류하는 법을 찾아보면, 데이터를 정의하는 방법이 다양한 것처럼 데이터를 분류하는 방법도 매우 다양하다.

다양한 데이터 분류 방법 중에서도 데이터를 예술적 소재로 보는 시각에서 분류할 수 있는데 2017년 MIT 프레스(MIT Press) 학술지 레오나르도(Leonardo)에 게재된 프리먼(Freeman)이 주저자인 논문을 기반으로 데이터 분류법을 예로 들자면, 크게는 데이터의 1. 주제(Of Subject) 2. 종류(Of Type) 3. 공간(Of Space) 4. 시간(Of Time) 5. 공개(Of Disclosure) 6. 사회적 문맥상(Of Social Context) 7. 라이선스(Of License)로 분류할 수 있다. 이 분류법은 예술적 소재로 데이터를 사용할 때 데이터가 어떻게 형용될 수 있는지를 중심으로 분류한 것이다. 데이터는 전달 방식, 생성 방식, 실존하는 포맷, 상징하는 시스템, 데이터의 근원, 라이선스 등과 같은 여러 관점에서 검토하여 분류되었다.

그 외에도 주제나 사회적 문맥에 따라 다양한 종류의 데이터를 포함할 수 있지만, 우리가 특히 주목할 만한 데이터로는 자연과학적 데이터와 개인에 대한 퍼스널 데이터(Personal Data)를 들 수 있다. 예를 들어, 철새의 이동 경로, 어류의 이동 패턴, 새의 종류에 따른 소리와 같은 자연 생태 관련 데이터들이 있으며, 퍼스널 데이터에서는 스스로 수집한 데이터(Self-tracked data)와 같이 일상적인 활동이나 생체 정보를 기반으로 한 데이터도 포함된다. 만약 개인이 스마트워치로 일상적인 운동 데이터를 수집한다면, 그것도 개인 스스로 수집한 데이터라고 할 수 있다. 이렇게 자체 수집된 데이터는 작가들의 작품 활동에 영감을 줄 수 있다.

다양한 데이터

데이터를 논할 때, 일반적으로 가장 많이 대두되는 데이터는 빅데이터다. 그와 대조적으로 스몰데이터(Small Data)가 있다. 또한 씩데이터(Thick Data)가 있다. 그리고 최근 인공지능의 데이터 학습량이 많아지면서 인공적으로 자체 생성시키는 합성 데이터가 있는데 각 데이터에 관하여 알아보자.

빅데이터

빅데이터는 방대한 양의 데이터로 과거와 현재의 통계 및 분석 자료로 미래를 예측하며 인공지능을 학습시키는 데 사용될 수 있다. 커뮤니케이션북스의 《빅데이터》 저자인 정용찬의 정의를 인용하자면, "빅데이터란 디지털 환경에서 생성되는 데이터로 그 규모가 방대하고, 생성 주기도 짧고, 형태도 수치 데이터뿐 아니라 문자와 영상 데이터를 포함하는 대규모 데이터"를 말한다. 빅데이터 환경은 과거에 비해 데이터의 양이 폭증했다는 점과 함께 데이터의 종류도 다양해져 사람들의 행동은 물론 위치 정보와 SNS를 통해 생각과 의견까지 분석하고 예측할 수 있다고 하는데 빅데이터를 분석하기 위해서는 많은 컴퓨터 프로세서 파워가 필요하고 에너지 소모도 크다.

레프 마노비치, 다나 보이드와 케이트 크로포드에 따르면, 사실 빅데이터로서의 의미의 시작은 데이터 사이언스 분야에서 데이터 세트가 너무 방대하여 가공하려면 슈퍼컴퓨터 여러 대가 필요하기에 지어진 명칭이었다. 이제 기기의 급격한 발전으로 20년 전처럼 여러 대의 슈퍼컴퓨터가 아니어도 일반적 컴퓨터와 소프트웨어의 성능으로도 데이터 가공이 가능해졌다. 이에 그러한 정의는 더 이상 무의미해졌다고 볼 수 있어 그들은 빅데이터는 좋은 용어가 아니라고 주장한다.

빅데이터의 활용을 보자면 정치, 경제, 문화, 과학기

술 등 다양한 분야에서 활용되고 있는 것을 알 수 있다. 데이터 분석 방법론이나 기술에는 기존의 통계학과 전산학에서 사용되던 데이터 마이닝, 기계 학습, 자연 언어 처리, 패턴 인식 등이 활용될 수 있다. 특히 최근 소셜 미디어 등 비정형 데이터의 증가로 인해 텍스트 마이닝, 오피니언 마이닝, 소셜 네트워크 분석, 군집 분석 등의 분석 기법도 주목받고 있다. 빅데이터 분석은 정치, 경제, 문화, 과학기술 등 다양한 분야에서 활용되고 있으며, 근래에는 AI 기술을 활용하여 범죄 예방, 재난 예측, 기상 예보 등 활용 분야가 점점 더 확대되고 있다.

그런데 여기서 잊지 말아야 할 것은 빅데이터로 모든 것을 정확히 분석할 수는 없다는 것이다. 아직은 세상의 모든 것에 대한 데이터를 수집할 수 없기에 남겨진 데이터도 있고, 또한 데이터 분석 시 주류의 데이터에서 너무나 동떨어진 데이터는 간혹 통계에 에러를 내서 무시되기도 한다. 그리고 데이터의 분석 방법에 따라 결과가 다르기에 트렌드를 유추해 볼 수는 있지만, 그 결과가 정확하다고 볼 수는 없다.

이렇게 빅데이터는 모두를 대변하는 데이터가 아니다. 데이터를 수집할 때부터 특별한 케이스이거나 너무 소수라서, 혹은 분류가 안 되어서 수집되지 않는 대상이 있을 수밖에 없다. 항상 남겨지는 데이터는 있기 마련이고 이러한 데이터는 소외 계층 데이터인 경우가 많다. 그러하기에 빅데이터가 모두를 대변하는 데이터가 아니라는 것을 명심하여야 한다.

스몰데이터

> Bigger Data are not always better data(boyd & Crawford, 2012).

데이터에서 수치가 모든 것은 아니다, 데이터에서는 정성적 데이터도 매우 중요하므로 위의 영문 "데이터 양이 많다고 모두 양질의 데이터는 아니다"라고 직역되는 내용으로 먼저 빅데이터에 대한 환상을 버리자.

빅데이터는 방대한 양의 데이터로 과거와 현재의 통계 및 분석 자료로 미래를 예측한다. 그렇다면 스몰데이터는 어떤 데이터인가? 스몰데이터는 말 그대로 데이터의 양이 작은 데이터를 말한다. 즉 개인의 취향, 니즈, 건강 상태, 생활양식, 기분 등 사소한 행동에서 나오는 데이터가 스몰데이터다. 빅데이터가 개개인의 데이터를 분석해 특정 타깃층을 만들어 낸다면, 스몰데이터는 개

개인의 취향, 소비 성향, 기호 등을 세부적으로 파악하는 것을 말한다.

그렇다면 과연 스몰데이터는 어떻게 활용되는가? 빅데이터로 단편적인 데이터만을 활용했다면, 이제는 인공지능의 발전으로 연관성을 가진 다른 유의미한 데이터들을 접목하여 패턴 분석의 깊이가 조금 더 심화한 형태로 발전해 가고 있다. 아래 문장은 2020년도 기사 "빅데이터 저물고 스몰데이터 뜬다"에서 발췌한 문장이다.

> IT업계 관계자는 "빅데이터가 한 방향에서 고객을 바라볼 수 있다면, 스몰데이터는 모든 방향에서 고객을 살필 수 있다"며 "넷플릭스 · 유튜브처럼 맞춤형 콘텐츠를 잘하는 기업들만 성장하고 있다. 그동안 인공지능(AI)이 주로 빅데이터와 결합했다면, 앞으론 스몰데이터와 결합해 초개인화 서비스를 만들어 낼 것"이라고 전망했다.

스몰데이터를 예술적으로 탐구하다 보면 여러 작가들이 셀프트랙드 데이터(Self-tracked Data) 즉, 자체 수집한 데이터로 예술 작업을 하는 경우를 종종 볼 수 있다. 그 예로 미국 데이터 아티스트, 로리 프릭(Laurie Frick)의 '워킹(Walking)' 시리즈, 'Austin, Week 47'을 꼽을 수 있다. 이 작품은 작가가 자체 수집한 스몰데이터로 창작한 작품이다. 프릭은 텍사스의 도시 오스틴에서 텍사스의 폭염 아래 시내 거리를 직접 걸은 3개의 트랙을 종이와 회화를 재료로 한 콜라주 작품으로 데이터로 시각화했다. 작가는 인터뷰에서 이러한 패턴 속에서 우리가 누구인지에 대한 주요한 아이디어가 있다고 보았다. 또한 그는 개인화된 데이터로 작업한 예술은 전통적인 예술 매체와 다르게, 관람객이 작가의 뉘앙스와 특이성을 고화질로 볼 수 있게 해 준다고 생각하며 작가 스스로에 대하여 잊은 것들을 다시 찾게 해 준다고 믿는다. 개인적 데이터로 작업을 하지 않았다면 영원히 발견하지 못했을 것들을 찾게 해 주는 경험을 할 수 있다.

또 하나의 자체 수집된 스몰데이터로 작업한 데이터 시각화 작품의 예로 저자가 2018년 8월부터 2019년 2월까지 호주 브리즈번시에 위치한 굿윌(Goodwill) 다리를 건너며 다리 위에서 하루 한 장씩 사진을 촬영하여 수집한 100장의 데이터로 창작한 데이터 아트 작품 '다리를 건너며' 시리즈가 있다. 이 작품을 위해 저자는 데이터 수집을 위한 일정의 규칙을 정해야 했는데, 예를 들자면, 일부러 다리를 건너지는 않고 일상생활 속에서 다리를 시내 방향으로 건널 때, 하루 한 장씩, 다리의 중앙에서 사진을 찍어 총 100장을 수집했다. 사진을 찍을 때, 차양막, 다리 양옆 레일과 도로 바닥이 보이도록 프레이밍을 하였고, 1초 안에 저자의 눈높이로 촬영하여 데이터를 수집했다. 100장의 사진 데이터는 그 양이 작아 스몰데이터라고 할 수 있다. 하지만 이러한 시각 데이터를 자체 수집 및 분석하면서 중복되지 않은 시각적 요소에서 작가는 기억에서 지나친, 특별한 시각적 상황을 추출하는 예술적 콘셉트를 찾아내는 작업을 할 수 있었다고 본다.

씩데이터

스몰데이터가 빅데이터만큼 유의미하다는 것을 산업계의 연구자들도 인식하고 있다. 그럼 이제 씩데이터(Thick Data)를 살펴보자. '두껍다'는 뜻의 'Thick'이 형용하는 이 데이터는 인문학자 트리샤 왕(Tricia Wang)이 자주 사용했던 단어로 Dense Data라고 부르기도 했다. 'Dense'는 '밀도 높은', '모호한', '난해한'이란 뜻을 가지고 있다.

씩데이터는 빅데이터와 다르다. 빅데이터는 알고리즘 프로세스를 거쳐 수치적 통계로 접근한다면 씩데이터는 정성적(qualitative) 접근법, 인류학적 데이터 문맥이나 상황상 의미와 감정을 찾아낸다.

이제 거대 언어 모델(LLM, Large Language Model) 툴이 발전되면서 챗GPT와 같은 대화형 인공지능이 콘텍스트(Context-문맥, 상황적 의미)를 잘 연결하여 씩데이터화 할 수 있을지 의문이다. LLM은 AI가 문맥적으로 의미를 이해하는 모델이 아니기 때문이다.

약 15년 전 씩데이터 논의가 확산되던 시기를 보면, 트리샤 왕은 마이크로소프트사에 합류하기 이전에 노키아(Nokia) 중국 지사에서 필드 리서치(Field Research) 연구원으로 활동하면서, 저소득층 소비자들이 오히려 더 고가의 스마트 폰을 사고자 한다는 사실을 인터뷰 조사를 통해 파악하였다. 이를 통해 그녀는 노키아가 특정 소수 그룹에만 국한된 전략보다는 대중적 소비자들을 위한 시장 전략을 짜야 한다고 제안하였다. 그러나 노키아 측에서는 100명 규모의 질적 데이터는 빅데이터에 비해 통계적 근거가 부족하다는 이유로 해당 제안을 받아들이지 않았다. 결국 2013년에 노키아는 마이크로소프트사에 합병되고 만다. 물론 그 결과에는 이것 외에 여러 요인이 있었겠지만, 노키아 케이스가 우리에게 주는 교훈이라면, 빅데이터에 의한 결과치가 더 논리적으로 보이겠지만 인간의 감정과 문화적 연관성, 즉 콘텍스트를 이해하기 위해서는 씩데이터 접근법이 필요하다는 것이다.

합성 데이터

합성 데이터(Synthetic Data)는 실제 데이터를 모방하여 인공적으로 생성된 데이터다. 인간이 직접 수집하거나 측정한 것이 아니라 컴퓨터 알고리즘, 시뮬레이션, 또는 인공지능 기술을 통해 만들어진 데이터를 말한다. 합성 데이터는 실제 데이터와 유사한 통계적 특성과 패턴을 가지지만, 실제 개인이나 엔티티(Entity)의 정보를 포함하지 않는 완전히 새롭게 생성된 데이터 세트다. 데이터가 부족한 경우 AI 및 기계 학습 모델 학습을 위한 데이터를 보강하여 소프트웨어 테스트, 시나리오 기반 시뮬레이션, 데이터 분석 등 다양한 산업에서 활용하고 있다. 특히 개인정보 보호가 중요한 의료, 금융 분야에서의 연구 및 테스트에서 데이터 활용의 한계를 극복하는 혁신적 솔루션으로 사용된다.

하지만 이 솔루션에는 한계가 필연적으로 존재하며 이는 다양한 문제점을 가져온다. 우선 실제 데이터의 복잡성을 완벽하게 재현하기 어렵고, 고품질 데이터 생성 시 높은 계산 비용이 들며, 무엇보다 생성 모델의 편향성이 극대화된다.

영국 옥스퍼드대학 연구팀은 2024년 6월 국제학술지 네이처에 게재한 '재귀(recursion)의 저주' 논문에서 AI

가 생성한 합성 데이터로 학습한 AI의 성능은 급격히 떨어질 수 있다고 그 위험성을 밝혔다. AI 모델에게 고양이를 생성하라고 지시할 경우, 학습 데이터 중 가장 흔한 색깔의 고양이를 그려 내게 되는데 이런 과정을 반복하고 고양이 생성 데이터가 쌓이면, 결국 모든 고양이 이미지는 한 가지 색깔로만 생성되는 식이다.

또한 데이터 부족으로 합성 데이터로 기계 학습을 대체하다간 유럽을 지배한 왕가 합스부르크가 친족 간 결혼으로 순수 혈통을 유지하려다 유전병으로 무너진 것처럼 무너질 수 있다는 것을 경고하고 있는데 이러한 상황을 모나쉬 대학교(Monash University)의 선임연구원 자탄 사도프스크(Jathan Sadowski)가 '합스부르크 AI'라는 신조어를 만들어 냈다. 이와 관련하여 디자이너 마틴 디즐리(Martin Disley)가 '합스부르크 AI'를 주제로 생성한 초상화 이미지가 있다. 합성 데이터로 생성하면 할수록 초상화의 형태가 마치 합스부르크의 유전병처럼 괴기스럽게 일그러진다.

참고문헌

김동표(2025.3.15). "유전병에 고통받는 인공지능 [AI오답노트]". 아시아경제.

https://www.asiae.co.kr/article/2025031513072053158
김영희(2021.4.9). "데이터 편견, 데이터아트로 승화하다". AI타임스.
https://www.aitimes.com/news/articleView.html?idxno=134774
김영희(2021). 〈다리를 건너며 – 굿윌 Blue〉.
https://absurdee.com/gallery/the-series-bridge-crossing/
김영희(2023). "데이터, 알고리즘, AI와 예술: 홍익대학교 디자인컨버전스학부 대학혁신지원사업 사이버강의콘텐츠개발 보고서". 홍익대학교.
김영희(2025.10.1). "데이터로 표현하는 데이터아트". 《월간 국회도서관》. 534, 30~33쪽.
김지완(2020.1.20). "빅데이터 저물고 스몰데이터 뜬다". 뉴스핌.
https://www.newspim.com/news/view/20200117000978
레프 마노비치(2004). 《뉴미디어의 언어》. 서정신 옮김. 생각의나무.
정용찬(2013). 《빅데이터》. 커뮤니케이션북스.
Ackoff, R.(1989). From Data to Wisdom.
http://faculty.ung.edu/kmelton/Documents/DataWisdom.pdf
Aggarwal, C.(2015). *Data Mining: The Textbook(2015th edition)*. Springer.
boyd, d. & Crawford, K.(2012). Critical Questions For Big Data. *Information, Communication & Society, 15*(5), pp.662~679.
Disley, M.(2025.3.10). "Habsburg AI Portrait Studies". CreativeApplications.Net.
https://www.creativeapplications.net/member/habsburg-ai-portrait-studies/
Freeman, J. et al.(2017). A Concise Taxonomy for Describing

Data as an Art Material. *Leonardo, 51*(1), pp.5~10.
Laurie Frick(2012-2015). "Walking" 〈Austin, Week 47〉. https://www.lauriefrick.com/walking
Kennedy, D. R. J.(2014). The Data-Driven Economy. The Future of children.
Kim, Y.(2020). Seeking For Outliers: Artistic Exploration of Data Through Creative Practice. Ph. D. thesis, Queensland University of Technology. https://eprints.qut.edu.au/206985
Kim, Y.(2022). Art Thinking on Data and AI. *Journal of Gifted Education in Arts, 7*, pp.63~81.
Mayer-Schonberger, V. & Cukier, K.(2013). Big data: A revolution that will transform how we live, work and think. John Murray.
Jathan Sadowski, https://www.jathansadowski.com/
Shumailov, I. et al.(2024). AI models collapse when trained on recursively generated data. *Nature, 631*(8022), pp.755~759.
Urist, J.(2015). From Paint to Pixels. The Atlantic. https://www.theatlantic.com/entertainment/archive/2015/05/the-rise-of-the-data-artist/392399/
Valero, P.(2017.4.17). What is Thick Data?. Antropologia 2.0. https://blog.antropologia2-0.com/en/what-is-thick-data/
Wang, T.(2016). 〈The Other Half of Big Data(Strata+Hadoop World 2016 London)〉. YouTube. https://www.youtube.com/watch?v=GbYugLILKrU
Zins, C.(2007). Conceptual approaches for defining data, information, and knowledge. *Journal of the* American Society for Information Science and Technology, 58(4), pp.479~493.

02
예술적 소재로서 데이터

데이터 기반 알고리즘의 예술인 AI 예술을 이해하기 위해서 먼저 예술적 소재로서의 데이터를 논한다. 데이터의 특성과 분류와 예술 작품에서의 다양한 활용도에 대하여 다룬다.

노래하는 AI 보컬?

데이터 아트

> 데이터는 본질적으로 수집, 저장, 인식, 가공이 가능하다. 역사적이거나 실시간적이며 시간에 민감하다. 동시에 데이터는 사회적 문제를 드러나게 할 수 있는 속성을 지니고 있어… 이야깃거리가 풍부한 작품의 소재이자 주제이며 탐구거리가 되는 예술적 영감 그 자체다(김영희, 2020).

특정 규칙을 정해 데이터의 변화하는 값을 코딩에 적용하면 프로세싱(Processing)과 같은 비주얼 프로그래밍 애플리케이션으로 예술 작품의 시각적 형태, 색 등을 그려 줄 수 있다. 또한 소리 데이터는 음악적 표현과 시각적 표현을 동시에 할 수 있으며 데이터 자체가 시각화를 넘어 소리화가 될 수 있다. 그 외에 데이터로 3D 오브젝트의 형태를 생성시켜 데이터에 관한 의미를 조형적으로 표현할 수 있다. 여러 날씨 데이터로 조형물을 만드는 작가인 나탈리 미에바흐(Nathalie Miebach)의 '3D 우븐 조각(Woven Sculpture)'이 그 좋은 예다. 미에바흐는 허리케인과 같은 날씨 데이터로 조형물을 창작함을 넘어 음원화하여 오케스트라와 함께 공연을 하기도 했다.

데이터 아트의 선조라고 할 수 있는 예술 분야가 있다.

1990년대 중반 인터넷이 활성화되면서, 디지털 아티스트들은 인터넷을 새로운 표현 플랫폼으로 탐구하기 시작했고, 이를 통해 인터넷 아트 혹은 넷아트(Netart)가 본격적으로 전개되었다. 넷아트는 주로 인터넷 브라우저를 통하여, 코딩에 의해 작업되는 예술 활동으로 역사적으로 뉴욕의 리조메(rhizome.org)가 그 중앙에 있었다. 제작부터 최종 표현까지 모두 인터넷을 통하여 작업되고, 인터넷이라는 플랫폼을 예술적으로 탐구하는 예술 활동이라고 할 수 있다. 인터넷의 속성을 매체로 그리고 소재로서 받아들였던 작품 활동이다.

넷아트에서 매우 중요한 역할을 했던 이념으로써 핵티비즘(Hacktivism)이 있다. 핵티비즘이란 예술 활동 무브먼트로서 아티스트들이 사회, 정치적 문제점을 그들의 경제적, 정치적 권력 체계를 예술 활동으로 비판하고 검열하는 예술적 사회 운동이었다. 이러한 운동으로 넷아트는 현재의 예술 활동으로 사회적, 정치적 의미와 주제를 탐구하여 의미를 찾아내는 데이터 아트와 연관 지을 수 있다.

데이터를 예술적인 시각으로 보자면, 미디어 아트에 익숙한 분들은 데이터 시각화가 제일 먼저 떠오를 것이다. 데이터 시각화와 데이터 아트는 간혹 중복되어 불리기도 하지만 데이터 아트는 정보의 시각화에 국한되지 않고 데이터가 가진 속성과 동시대의 사회와 문화를 반영하여, 데이터 기술로 창작을 주도하는 예술이다. 즉, 데이터가 없이는 작품 창작이 가능하지 않은 데이터가 창작의 주된 소재인 그러한 예술 활동이라고 볼 수 있다. 디지털 아트 영역에서 데이터 아트는 소재와 의미(Context)를 데이터에 의해 결정짓는 창작 활동으로 보며, 예술가가 데이터를 가공해 메시지를 표현할 때 사실적 정보와 관계없이 사회 비판적인 메시지를 가진 작품으로 승화시킬 수 있다. 마치 1990년대에 넷아트가 그 시대 테크놀로지인 인터넷을 매체로 탐구하였듯이 동시대에 만연한 데이터를 소재로, 미디엄으로 탐구하며 미래의 예술가들에게 무궁무진한 콘텍스트를 줄 수 있는 가능성을 가지고 있다고 본다.

데이터가 예술적 소재일 때의 특성

데이터 아트는 아래와 같은 특성을 가지고 있다.

- 실시간적으로 변화할 수 있다.
- 인터랙티브하다.
- 참여 가능하다.

– 제너러티브하다(생성 예술).

– 프로그램된 예술이다.

– 알고리드믹하다.

– 주제와 콘텐츠가 사회, 정치적이다.

위와 같은 특성을 가진 데이터를 예술적인 시각으로 본다면, 데이터에서 작품의 주제를 찾아낼 수 있다. 그 예로 2020년 12월 저자가 공동 대표로 있는 예술 단체, 레드어니언에서 기획, 주관한 온라인 예술 활동 프로젝트가 있다. 총 7명의 참여 작가들이 함께 서울시의 실시간 데이터로 창작한 플러그인시티(Plug-In City) 프로젝트다. 이 프로젝트를 전시한 경험에 의하면 데이터에서 예술적 주제를 찾아낸다는 것은 특별한 의미를 가지고 있다.

즉 데이터를 예술적 소재로 본다면, 데이터에서 작품의 주제를 찾아낼 수 있다. 저자의 작품 '멍꽃' 시리즈 중 하나인 '멍꽃-부딪힘'(김영희 2020) 작품은 사물 인터넷 기술로 작가의 신체적 부딪힘을 센서 데이터로 수집하여 실시간으로 스크린에 다양한 색과 크기, 형태의 꽃을 그린 작품이다. 자체 수집된 부딪힘 데이터로 저자는 예술적 주제를 추출하였는데 종종 가구 모서리 등에 자주 부딪히는 본인은 피부에 언제 생겼는지도 모르는 울긋불긋한 멍을 발견하곤 하는데 가만히 살펴보면 그 오묘한 색들이 함께 섞여 있어 하나의 피어나고 시드는 꽃 같다는 생각이 들었고 시간에 따라 옅어지는 모습에서 생성되었다가 사라지는 '멍꽃'으로 시각화할 수 있는 영감을 받았다. 이 '멍꽃' 시리즈는 저자가 2013년부터 계속 작업하고 있는 시리즈다.

그 외에 다른 참여 작가들의 작품을 살펴보자면, 도시 데이터가 얼마나 흥미로운 예술적 소재가 될 수 있는지를 보여 준다. 플러그인시티 온라인 전시 활동 프로젝트의 참여 작가인 유소영 작가는 2020년도의 서울시 부동산 매매 계약 데이터를 실시간 영상으로 가져와 한 마리의 금붕어가 헤엄치고 있는 어항의 수위를 조절하면서 데이터 아트 작품 〈최소한의 의미〉를 창작하였다. 진케이리 작가는 미세먼지 농도와 자살률 관계를 유추하여 서울시 미세먼지 데이터로 실시간 변화하는 영상 작품 〈기도하는 자들〉을 선보이며, 사회 문제의 연관성에 대하여 표현하였다. 또한 샘안 작가는 팬데믹 환경에서의 실시간 서울시 재난 문자 데이터로 눈이 내리는 풍경을 크리에이티브 코드로 그려내었다. 그는 재난 문자가 뜰 때마다 내리던 눈이 잠시 멈추며 먼지처럼 하늘로 올라

가고, 시간의 흐름에 따라 풍경의 색이 변화하는 작품, 〈보리수〉를 선보였다.

이 프로젝트를 기획하면서 발견한 흥미로운 점은 온라인 예술 활동 프로젝트의 기획자인 레드어니언 측에서 데이터로 사회적 문제를 다루어 달라는 요청을 전혀 하지 않았음에도, 대다수의 참여 작가들 모두 데이터의 의미를 탐구하면서 자연스레 사회적 문제에 대한 주제를 다루게 되었다는 점이다. 미세먼지 농도와 자살률의 관계, 부동산 실시간 거래가, 팬데믹 재난 문자와 같은 데이터를 소재로 작업한 작품들은 동시대에 대한 사회적 이슈를 다루었는데, 이는 데이터의 속성인 사회적인 문제를 드러나게 한다는 점이며, 데이터를 예술적 소재로 다루는 아티스트는 동시대의 사회와 문화를 반영하는 데이터에 대하여 비판적으로 아니면 자신만의 시각과 관점으로 보며 스스로 질문을 하고 그 속에 숨겨진 이야기를 찾아낼 수 있어야 한다는 중요한 결론에 이르렀다.

참고문헌

김영희(2021.4.9). "데이터 편견, 데이터아트로 승화하다". AI타임스. https://www.aitimes.com/news/articleView.html?idxno=134774

김영희(2020). 〈멍꽃〉. 레드어니언 Plug-In City 온라인 전시.

김영희(2023). "데이터, 알고리즘, AI와 예술: 홍익대학교 디자인컨버전스학부 대학혁신지원사업 사이버강의콘텐츠개발 보고서". 홍익대학교.

김영희(2025.10.1). "데이터로 표현하는 데이터아트". 《월간 국회도서관》. 534, 30~33쪽.

유소영(2020). 〈최소한의 의미〉. 레드어니언 Plug-In City 온라인 전시.

진케이리(2020). 〈기도하는 자들〉. 레드어니언 Plug-In City 온라인 전시.

An, Sam(2020). 〈보리수〉. 레드어니언 Plug-In City 온라인 전시.

Greene, R.(2004). *Internet Art*. Thames & Hudson.

Kim, Y.(2020). Seeking For Outliers: Artistic Exploration of Data Through Creative Practice. Ph. D. thesis, Queensland University of Technology. https://eprints.qut.edu.au/206985

Kim, Y.(2022). Art Thinking on Data and AI. *Journal of Gifted Education in Arts, 7*, pp.63~81.

Miebach, N.(2011). 〈Art Made of Storms〉. YouTube. https://www.youtube.com/watch?v=MbhNaj88uL4

RedOnion(2020). 'Plug-In City' Art Must Go On 온라인 예술 활동 프로젝트. https://absurdee.com/2020/12/24/plug-in-city-seoul-2020/

Rhizome. https://rhizome.org

03
데이터 편향성과 예술적 접근법

우리 세상에 편견이 존재하듯이 수집된 데이터는 이미 편향성이 내재되어 있으며, 데이터 수집, 분석, 가공, 이해의 프로세스에는 여러 겹의 편향성을 가지고 있다. 이러한 편향성에 대하여 설명을 하고 이에 대한 예술적 접근법을 작품 예제와 함께 다룬다.

인공지능과 편향?

사회적 시각으로 데이터를 본다면, 현재 빅데이터와 AI 기반의 툴과 서비스 제품이 발전하면서, 경제적, 기업적, 제도적으로 소비자들을 위한 다양한 혁신의 기회를 제공하고 있다. 특히 대화형 AI와 생성형 AI는 디자인 산업에서 작업을 빠르고 효율적으로 할 수 있게 한다. 동시에 데이터와 AI가 가져오는 이슈에 의해 데이터와 AI 애플리케이션의 윤리에 대한 이슈가 떠오른다.

버려지거나 저 해석된 데이터는 편향적인 분석으로 가게 되거나 잘못된 분석으로 나올 수 있고, 원하지 않거나 동의를 받지 않은 개인 데이터 수집과 감시의 그림자 또한 개인의 사생활 침해를 야기한다. 또한 생성형 AI는 인터넷상의 대량의 이미지를 학습시켜서 새로운 이미지와 글을 빠른 시간에 생성시킬 수 있어 주목을 받고 있지만, 준비되지 않은 짧은 기간에 산업계의 많은 인력을 대체할 수 있고, 결과물의 저작권에 대한 문제는 아직 해결되지 않은 부분이다.

데이터를 보는 시각

데이터를 보는 시각을 저자는 크게 두 부류로 나누어 본다. 데이터를 객관적인 사실로 보는 통계적이고 과학적인 시각과 주관적인 해석에 따라 편향적인 결과를 도출하게 된다는 인문학적 예술적 시각이다. 정량적인 분석(Quantitative Analysis)과 정성적인 분석(Qualitative Analysis)이 있는 것처럼 말이다. 전통적인 시각으로 본다면 데이터는 날(raw) 것이며, 중립적이고, 사실적으로, 그리고 객관적으로 보는 시각이 많다. 자연과학이나 정보과학적인 시각에서 본다면 그럴 수 있다. 하지만 예술적 시각과 접근법은 데이터를 주관적이고 다시점적(multi-perspective)이라고 본다. 우리가 같은 세상에서 살고 있더라도 바라보고 경험하고 느끼는 바가 각자 다르듯이, 데이터는 주관적인 편향성을 가지고 있고 분석하는 자에 따라 다양한 시각으로 비춰질 수 있다고 본다.

주관적인 시각으로 볼 때 특정 데이터 세트가 의미화되기 위해서는 '이해(understanding)'라는 여러 단계를 거친다. 데이터 과학자인 액코프(Ackoff)의 DIKW 피라미드는 '이해(understanding)'라는 부수적인 단계와 함께 설명된다(Ackoff, 1989). 벨링어 등(Bellinger et al., 2004)의 학자들은 '이해'는 동떨어진 단계가 아니라, 각 단계를 다음 단계로 갈 수 있게 지지하는 진행 과정이라고 설명한다. 이 '이해'의 과정을 통해 의미를 생성하는 단계에서 데이터에 대한 주관적인 시각이 필연적으로 함께 있다. 그 이유는 이 단계는 주관적인 프로세스로 수집가,

분석가, 해석가의 주관적인 '이해'에 따르기 때문이다.

개인의 주관적 성향은 자라난 환경, 역사, 문화, 교육 등에 영향을 받는다. 누구나 편견을 가지고 있을 수 있기에, 주관적인 이해가 따른다는 것은 개인의 편향성의 영향을 받는 것이다. 데이터가 가지고 있는 편향성과 편견은 인공지능으로 가공되면서 더 양극화되면서 심해지는 것을 볼 수가 있다.

저자가 데이터를 직접 분류하고 분석해 본 경험이 없었다면 데이터에 대한 자신의 시각을 의식해 본 적이 없었을지도 모른다. 어쩌면 우리는 누군가가 데이터 통계에 의한 결과물이라고 한다면 아무 의심 없이 그대로 매우 정확성이 높은 사실을 증명해 주는 팩트(Fact)라고 생각하고 누가, 언제, 어디서, 어떤 의도로, 어떤 데이터 세트를 어떻게 수집하고, 분류하고, 버리고, 그리고 누가 어떤 시각으로 데이터를 분류를 하고 해석했는지 깊게 생각해 본 적이 없을 것이다. 사실 저자도 데이터를 직접 탐색하여 창작하기 전까지 누가 왜 어떻게? 라는 질문을 스스로 던져 보지는 않았다.

아래 데이터를 주관적으로 보는 시각이 저자와 비슷한 크로포드(Crawford), 밀트너(Miltner)와 그레이(Gray)의 글을 인용해 본다.

> 데이터 세트는 절대로 중립적이지도 않고, 품고 있는 비밀을 쉽게 내주어 스스로 자동으로 형성되는 정보의 보관소가 아니다. 그 데이터들은 모두 각자의 방법과 시각을 가진 연구자들의 능동적인 해석을 필수로 한다(Crawford et al., 2014, p.1668).

이렇듯 예술적 소재로 데이터를 다루고자 한다면 각자 자신의 방법으로 데이터를 능동적으로 탐색하고 해석을 해야 한다. 데이터를 보는 시각에 따라 데이터를 탐색하는 태도가 달라지며, 같은 데이터 세트라도 각자의 시각으로 다른 의미를 찾아낼 수 있다. 덧붙여 데이터를 보는 시각이 주관적인 경우 데이터의 편향성을 인지하기가 쉽다.

데이터 편향성에 대한 이슈는 데이터와 인공지능 윤리를 위해 거론되고 연구되고 있으며 많은 기업들은 이미 인지하고 있는 문제점이라고 할 수 있다. 하지만 데이터 편향성은 완전히 없어지지 않을 것이라고 생각한다. 우리는 이를 먼저 인정하고 공론화하면서 모든 정보를 AI에 의존하지 않았는지, 왜곡되지는 않았는지 편향적인지 스스로 질문을 할 수 있어야 한다. 이제 우리는 AI 데이터 분석과 통계를 순수하게 질문 없이 받아들여서는 안 된다고 본다.

아웃라이어

인간이 기계 학습을 위한 빅데이터 세트를 분류하기 위한 라벨을 붙이는 작업에서도 데이터 편향성이 생긴다. 이미지넷(ImageNet)과 같은 기계 학습에 응용되어 온 온라인 이미지 데이터베이스에서 데이터를 분류하기 위해 다수의 직원들이 라벨링(labeling) 작업을 하여 분류하는데, 이 직원들이 가지고 있는 개인적인 편향성이 기계 학습 데이터를 편향적인 데이터로 분류시켰다는 연구 결과가 있듯이, 데이터가 수집되어 분류될 때, 인간의 라벨링에 의한 데이터 편향성을 가진다. 라벨링과 다르게 데이터가 수집되거나 분석될 때, 남겨지거나 버려지는 데이터가 있다. 우리가 세상 모든 데이터를 수집할 수는 없다. 애초에 수집되지 않은 남겨진 데이터는 어떻게 본다면 배제되고 있는 사회 속 다양한 소수를 대변하고 있는 듯하다. 또한 데이터 분석에서 아웃라이어로 분류되어 버려지는 데이터가 있다.

데이터 과학자들의 정의를 참고하자면 아웃라이어는 주류의 데이터와 너무 다르거나, 비정상적이거나, 주류의 트렌드로부터 멀리 떨어진 관측이라고 정의 내려질 수 있다. 통계학 분야가 아닌 사전적 의미의 아웃라이어는 주류의 사람들이나 시스템에서 멀리 떨어진 개인 혹은 사물이라고 정의 내려지고 있다. 은유적으로 보자면, 아웃라이어는 너무 특출하거나 달라서, 주류의 범위에 포함될 수 없는 사람, 사물, 의미, 주제가 될 수 있다.

한편으로는 아주 뛰어난 사람을 아웃라이어라고 부르기도 하는데, 아웃라이어로 분류되어 배제되는 데이터는 그 이유가 주관적이거나 기술적일 수 있지만, 보통은 그 데이터가 주류의 데이터에 비해 너무 희소하거나 자동 분석에서 오류를 생성한다든지 등등 여러 이유에 의해 배제된다. 이렇게 수집이나 분석에서 배제된 데이터는 그 결과물이 편향적일 수밖에 없다.

데이터 편향성의 겹

데이터를 다루는 작가와 디자이너들은 데이터의 속성 중에서도 편향성을 가장 먼저 이해해야 한다. 실제 세상 속에 개인적, 사회적, 문화적, 정치적 편향과 편견이 존재하듯이 우리 사회를 반영하는 데이터는 사람들이나 문화, 역사가 수록했던 편견을 그대로 포함하고 있다.

데이터는 수집, 가공, 분석되고, 주관적으로 해석되는 과정을 통해 여러 겹의 편견으로 정보화된다. 무엇보다

The layers of data bias illustrated by Kim, Y. 2020

그림 3-1. 데이터 편향성의 겹(The layers of data bias), 김영희(2020)

도 데이터는 수집될 때부터 특정 목적을 가지고 수집하는 자의 의도와 편향을 포함한다. 수집되지 않은 데이터는 남겨지고 배제된다. 이후에도 데이터를 가공 · 분석하는 사람의 개인적 혹은 문화적 성향에 영향을 받아 '여러 겹의 편견 레이어'가 형성된다. 최종적으로는 데이터를 이해하는 사람의 편향성이 더해진다. 저자는 이를 통틀어 '데이터 편향성의 겹(The Layers of Data Bias)'이라고 한다.

이제 다양한 데이터 기반의 툴과 애플리케이션이 보급되면서, 프로세스에서 배제된 데이터와 데이터 편향성이 중요한 이슈로 떠오른다. 그 이유는 버려지거나, 저 해석된 데이터는 편향적인 분석으로 가게 되거나 잘못된 분석이 나올 수 있기 때문이다. 잘못 분석된 데이터로 인공지능 애플리케이션이나 사회적 제도를 만든다면 어느 한 그룹에 편중되거나 차별된 제품이 나올 수 있기에 데이터를 다룰 때는 항상 데이터 편향성의 위험에 대한 인식을 하여야 한다.

왜 배제된 데이터와 데이터 편향성이 중요한지에 대하여 캐롤라인 크리아도 페레즈(Caroline Criado Perez)는 2019년 발간한 저서 《보이지 않는 여성들, 남성 중심 세상을 편중된 데이터로 고발하다》에서 의학 연구를 비롯한 여러 연구에 있어 사회적 활동이 남성에 비해 적었던 여성에 대한 데이터가 분석 및 설계에서 배제된다고 비판한다. 이는 여성만 해당되지는 않는다. 사회 활동이 적은 소수의 그룹도 같은 상황이었을 것 같다. 데이터에 포함되지 못한 주체들은 미래를 위한 설계에 포함되지 못하는 차별을 받게 된다. 도시 계획의 도보의 디자인과 같은 경우, 수집된 특정 데이터에만 기반을 둔다면, 수집되지 않은 집단의 데이터는 배제되기에, 설계에 포함될 수 없는 것이다. 의학적 데이터만 보아도 만약 미국에서 백인 위주의 데이터를 모아 의학적 연구 결과를 내었다면, 소수 민족들이 연구 결과의 혜택에서 배제될 수도 있기 때문이다.

빅데이터와 AI 시대 사회적 이슈를 그린 예술

데이터는 동시대를 반영하고 있기에 정치, 사회적 이슈가 데이터 아트의 주제가 되는 것은 어쩌면 자연스러운 결과다. 저자가 박사논문 연구 중에 데이터를 예술적 소재로 사용하는 작품 26점을 연구한 결과, 작가들은 데이터의 변화를 작품의 시각적 요소를 주도하는 데 사용하기도 하지만, 작품에 사용된 데이터가 표현해 주는 정치, 사회적, 혹은 환경적 이슈를 작품으로 승화시키는 작품들도 종종 보였다. 그중 감시시스템(Surveillance System)과 개인정보 남용과 인종 차별, 데이터 편향성이 겹치는 주제라고 할 수 있다.

빅데이터와 AI 시대에 도래한 사회적 이슈를 그린 첫 번째 예로는 루이사 부파데시(Louisa Bufardeci)의 작품 〈The Sea Between A and I〉(2015)는 글로벌 정치적 이슈인 망망대해를 떠도는 난민 이슈를 다루었다. 최근에도 저자는 난민선이 침몰했다는 기사를 보았는데, 부파데시는 바다에서 표류하다가 침몰한 난민들의 비극적인 뉴스가 발생되면, 그 뉴스 내용을 기반으로 사고가 난 난민선의 위치를 구글 지도로 위치 데이터로 추적해, 유리섬유실로 니들포인트(Needle Point)자수를 놓아 내전에 내몰린 난민들의 비극을 깊은 블루 톤으로 표현했다. 물론 다수의 사건으로 본 작품은 시리즈로 작업되었다. 본 작품은 동 시대의 글로벌 이슈인 내전으로 인해 망망대해로 내몰린 난민들의 비극을 주제로 삼아 관련 데이터를 시각화하고 물질화한 작업이다.

두 번째 작품의 예로는 미국 작가 하산 엘라니(Hasan Elani)의 〈원온원(One on One)〉이라는 작품이 있다. 엘라니는 스스로 수집한 자신의 위치 정보 및 CCTV 데이터로 미디어 설치를 하여 전시하였는데 그 이유는 미국 정부의 과도한 감시 시스템에 대한 메시지를 표현하기 위함이었다. 9 · 11 사건 이후 당시 메릴랜드 주립대학(University of Maryland)의 부교수였던 엘라니 작가는 네덜란드에서 귀국하면서 디트로이트 공항에서 구류되는 경험을 한다. 방글라데시 출생의 엘라니는 FBI의 잘못된 정보로 테러리스트 리스트에 올라가 수사를 받게 되었던 것이다. 학회 및 전시 등으로 해외 출장이 잦은 작가는 조사 끝에 무혐의로 풀려나지만 FBI의 지속적인 감시 속에서 그는 개인정보 문제에 대한 깊은 관심을 가지게 된다. 이에 작가는 완벽한 알리바이로 자신의 모든 정보를 온라인에 공개하기로 결정한다. 사용한 체크카드 내역, 다수의 사진, GPS 데이터 등 3년 동안 2만 장 이상의 사진을 인터넷에 올리며 모든 일상을 수집하였으며, 그의 작품 〈One on One〉은 실시간 CCTV 영상으로 제작된 미디어 설치 작품이다. 작가는 감시를 받는 개인이 되기보다는 자신의 일거수일투족을 실시간으로 공개하면서 원하지 않는 감시와 개인의 사생활 침해에 대한 이슈를 작품으로 표현한 것이다.

세 번째 예로는 〈트레이닝 휴먼(Traning Humans)〉이라는 작품이 있다. 이 작품은 인공지능을 학습시키는 이미지들로 이루어진 미디어 작품으로, 과학자들이 이미지넷과 같은 방대한 사진 데이터를 분류하여 AI에게 학습시켰을 때 AI에 의한 세상은 어떻게 보이는지에 대한 비판적인 작품이다. 2명의 팀으로 작업하였는데 트레버 팰글랜(Trevor Paglen)은 작가이고, 케이트 크로포드(Kate Crawford)는 AI를 연구하는 인문학자다. 〈트레이닝 휴먼〉은 두 가지 이슈를 다룬다. 인간이 기계 학습을 위한 데이터 세트가 되었을 때 어떻게 보이고, 해석되고, 라벨이 붙고, 코드화되는지를 다루었으며, 이를 통하여 드러나는 편견을 보여 준다. 작가는 AI 시스템이 이제 사람들의 얼굴 표정을 분석하여 6개의 감정으로 단순화시키고, 정신 건강 분석이나 취업 면접에서 특정 개인이 미래 범죄형인지 예측을 한다는 점을 이 전시를 통해 비판했다.

이미지넷은 2009년 프린스턴과 스탠포드대학에서 온

라인 이미지 데이터베이스로 기계 학습에 응용되어 온 데이터다. 이 작품이 전시된 후 약 600만 개의 사람 이미지가 이미지넷의 AI 데이터베이스에서 제거되었다. 그 당시 총 140억 개의 인터넷 이미지가 아마존의 머케니컬 터크(Mechanical turk) 직원들에 의해 분류되었는데 이 작품을 통한 연구에서 직원들의 개인적인 데이터 편향성이 기계 학습 데이터를 편향적인 데이터로 분류시켰다는 결론이 나왔기 때문이다. 특히 동양인이나 아프리칸, 중동인들에 대한 인종 차별적인 라벨링이 두드러졌다. 동시에 이러한 데이터 세트의 개인정보 보호에 대한 문제점도 대두된 전시였다.

마지막 데이터 아트 예제를 소개하자면, 저자가 2018년부터 데이터 편향성을 주제로 작업한 데이터 아트 시리즈 〈아웃라이어를 찾아서〉가 있다. 데이터가 가져오는 여러 사회적 이슈들 중에 배제된 데이터에 의한 데이터 편향성에 집중한 작품이다. 이 작품에서는 데이터 통계와 분석에 있어 주요 트렌드로 데이터에서 정보를 찾는 발상을 뒤집어 데이터의 주요 트렌드 분석 후 오히려 반대로 주요 트렌드에서 버려지거나 배제된 데이터에 집중하여 작품을 창작하는 방식으로 작업했다. 저자가 페이스북에 올렸던 수천 개의 단어 중에서 한 번에서 다섯 번씩 사용한 단어들은 유의미하지만 규칙에 의해 생성시키는 데이터 시각화에서는 자동으로 버려진다. 하지만 300~500번씩 사용했던 단어들을 살펴보면 'happy', 'day' 등과 같이 모두 보편적인 단어들로 글을 올린 이에 대한 내용을 그려 준다고 볼 수는 없다. 반대로 시각화에서 버려졌던 데이터—한 번이나 두 번만 사용한 단어들—를 맨 앞 레이어로 더 선명하게 보이고, 더 많이 보이면서 물처럼 흐르도록 작품을 재구성하였을 때, 그 수천 개의 흐르는 단어들은 저자가 어디를 갔거나 어떤 생각을 하였는지 그 흐름을 더 잘 보여 준다.

이 작품은 컴퓨터 프로그래밍으로 생성되는 제너러티브 아트로 수천 개의 단어가 프로젝션된 빅스크린상에서 데이터 기반으로 다양한 색, 속도, 크기, 투명도, 위치에 따라 흐른다. 작품 속 단어들은 저자가 페이스북 담벼락에 10년간 스스로 포스트한 글에서 사용된 단어의 종류와 사용 횟수를 데이터로 추출하여 시각화한 작품이다. 이 작품은 여러 버전이 있는데 첫 번째 버전은 2018년 플랫폼엘 컨템포러리 아트센터에서 전시를 한 10년간의 서울에서의 데이터이고, 두 번째 버전은 호주 브리즈번에서의 3년간의 데이터로 작업하여 2020년 더 블록(The Block) 갤러리에서 전시한 작품 등이 있다.

이렇듯 〈아웃라이어를 찾아서〉 시리즈는 버려지고 남겨지는 데이터가 노이즈처럼 무의미해 보일 수 있지만 사실은 매우 다채롭고 데이터의 주체가 되는 개인에 대하여 좀 더 입체적으로 그려 줄 수 있다는 것을 보여 준다. 이러한 버려진 데이터는 아웃라이어가 되고, 저자는 그 아웃라이어에 집중하여 작품으로 승화시킨 것이다.

데이터 과학자 도일(Doyle, 2016)이 아웃라이어는 데이터 분석에 포함되면 데이터의 평균값이나 트렌드를 왜곡시킬 수 있지만, 가끔 그것이 데이터를 좀 더 깊게 살펴볼 수 있는 기회를 제공하기도 한다고 하였듯이, 저자는 여러 겹의 데이터 편향성을 인지하고, 4년간의 연구를 통해 아웃라이어를 찾는 예술적 접근법을 만들어 냈다. 이 방법론은 한 데이터 세트를 매우 다양한 관점에서 볼 수 있게 해 주며, 데이터 세트에 숨겨져 있는 이야기를 매우 다양한 주제로, 다양한 각도로 보게 해 준다. 이러한 접근법은 매우 풍부한 맥락과 콘텐츠를 도출해 낼 수 있다고 본다.

2021년 6월 서울에 소재한 갤러리 자작나무에서 개최한 개인전 〈겹겹〉에서 선보인 작품들도 이 접근법으로 창작되었는데 이번에는 저자의 주위 인물들의 데이터로 추상적인 초상화를 그려보았다,

그 결과 수백 번씩 사용한 단어들은 매우 보편적이라 한 인물을 제대로 형용해 주지 않지만 한 번이나 두 번 사용한 단어들은 한 인물의 10년간의 일상을 폭넓고 독창적으로 표현해 준다. 데이터로 생성시킨 미디어 아트 작품 〈Since 2009－Seaon's River〉다. 총 1만 개가 넘는 다채로운 단어들로 이루어진 제너러티브 영상 작업으로 바닥에 설치된 55인치 스크린 속에 1만 5900개 단어가 여러 깊이의 다른 색과 속도로 깊이를 알 수 없는 강처럼 흐른다.

이렇게 데이터 관련 사회적 이슈를 소재로 한 데이터 아트 작품들을 살펴보았는데 과도한 감시, 개인정보 보호, 데이터 편향성 등 현시대의 문제점과 이슈들을 반영하는 데이터는 작가들에게 깊은 영감을 주기도 한다. 동시에 데이터로 작업을 하는 모든 분야의 전문가들은 데이터의 편향성에 대한 인지도를 높이고, 세상에 편견이 존재하는 한 데이터 속 편견과 우리의 편향성은 함께 존재한다는 것을 이해해야 할 것이다. 저자도 데이터를 작품에 응용하면서 스스로가 알게 모르게 가지고 있었던 편견과 편향성을 마주하게 되어 가장 먼저 스스로 데이터 편향성을 인식하고 데이터를 작품의 소재로 작업했다.

AI 시대에 들어서면서 개인정보 침해와 오보, 데이터

편향성 등의 문제가 더욱더 두드러지는데 이젠 모두가 인공지능 툴을 사용하거나, 데이터 분석 결과를 보았을 때 사실 확인을 꼭 해서 가짜 뉴스나 지식, 편향된 지식을 걸러 내는 데이터 문해력을 키워야 할 것이다.

참고문헌

김영희(2021.4.9). "데이터 편견, 데이터아트로 승화하다". AI타임스. https://www.aitimes.com/news/articleView.html?idxno=134774

김영희(2023). "데이터, 알고리즘, AI와 예술: 홍익대학교 디자인컨버전스학부 대학혁신지원사업 사이버강의콘텐츠개발 보고서". 홍익대학교.

김영희(2025.10.1). "데이터로 표현하는 데이터아트". 《월간 국회도서관》. 534, 30~33쪽.

Aggarwal, C.(2015). *Data Mining: The Textbook(2015th edition)*. Springer.

Burfardeci, L.(2015). 〈The Sea Between A and I〉. http://www.louisabufardeci.net/pages/sea/sea.html

Crawford, K. et al.(2014). Critiquing Big Data: Politics, Ethics, Epistemology(Special Section Introduction). *International Journal of Communication, 8*, pp.1663~1672.

Crawford, K. & Paglen, T.(2019). 〈Training Humans〉. Vimeo. https://vimeo.com/368565224

Dictionary.com. https://dictionary.com

Doyle, C.(2016). *A Dictionary of Marketing*. Oxford University Press.

Elahi, H.(2011). 〈One on One〉.
https://www.ted.com/talks/hasan_elahi_fbi_here_i_am

Hawkins, D.(1980). *Identification of Outliers*. Springer.

ImageNet. https://www.image-net.org/about.php

Kim, Y.(2018). 〈Seeking For Outliers〉. The Sense of Data. 플랫폼엘 컨템포러리 아트센터.

Kim, Y.(2019). "Seeking For Outliers" Artist Talk, ISEA 2019 Proceedings.

Kim, Y.(2020). Seeking For Outliers: Artistic Exploration of Data Through Creative Practice. Ph.D. thesis, Queensland University of Technology. https://eprints.qut.edu.au/206985

Kim, Y.(2021). 〈Since 2009 - Seaon's River〉.
https://absurdee.com/since-2009-seaons-river

Kim, Y.(2022). Art Thinking on Data and AI. *Journal of Gifted Education in Arts, 7*, pp.63~81.

Perez, C.(2019). *Invisible Women: Exposing Data Bias in a World Designed for Men*. Random House.

Small, Z.(2019). 600,000 Images Removed from AI Database After Art Project Exposes Racist Bias. Hyperallergic.
https://hyperallergic.com/518822/600000-images-removed-from-ai-database-after-art-project-exposes-racist-bias/

Unwin, A.(2017). 〈When is an Outlier an Outlier? The O3 plot〉. useR! International R User 2017 Conference.
https://learn.microsoft.com/en-us/shows/user-international-r-user-conferences-user-international-r-user-2017-conference/when-outlier-outlier-o3-plot

04
데이터 기반 디자인

데이터가 가지고 있는 사회 · 문화적 특성에 의해 데이터 세트에 따라 창작자가 다룰 수 있는 커뮤니케이션 주제가 영향을 받을 수 있다. 데이터로 주도하거나 데이터를 기반으로 표현하는 창작물과 디자인을 소개한다.

청각장애인과 AI?

데이터 드리븐(Data-driven)

'데이터 드리븐'은 데이터에 의한, '데이터로 주도하는'이라는 의미로 직역된다. 데이터 기반 디자인은 데이터로 주도하는 디자인이다. 예를 들자면 데이터에 의해 색이 변하고, 시각적 형태나 모양이 변하는, 데이터 없이는 작업이 가능하지 않은 프로젝트를 데이터 드리븐 창작 활동이라고 한다. 데이터로 표현하는 데이터 시각화도 포함하는데, 이 책에서는 이를 모두 포괄하여 데이터 기반 디자인이라고 부르겠다.

몇 년 전까지 국내에서는 데이터 기반 디자인이라고 하면 데이터 리서치로 결과를 내는 연구가 주를 이루었지만 이제 연구 영역 외에도 UX 디자인, 미디어 아트, 사운드 아트, 공연 예술에도 데이터 드리븐이라는 용어가 종종 쓰이기 시작했다. 이제는 시각 디자인, 인터랙티브 미디어, 사운드, 공연 예술, 건축 등 여러 예술 분야에서 데이터 기반 예술 활동을 연구하고 있다.

데이터 기반이라고 하면 데이터를 기반으로 하는 작업으로 쉽게 이해할 수 있는데 이렇듯 매우 다양한 분야가 포함된다. 물론 인문 사회 연구, 정책, 기사, 통계, 데이터 과학, 컴퓨터 공학, 마케팅 등도 데이터 기반이지만 이 책은 디자인과 예술에 관한 내용을 주로 다룬다.

데이터 기반 디자인의 조형적 요소

데이터 기반으로 표현되는 조형적 요소에 대하여 설명하자면 모든 조형 예술의 3가지 요소는 형태, 색상, 재질이라고 할 수 있다. 데이터 기반 디자인은 데이터 값에 의해 형태, 색상, 재질과 같은 조형적 요소나, 모션 그래픽의 경우, 이미지 시퀀스, 이미지 영상의 순서, 재생 속도, 재생 시간, 트랜지션(transition) 등과 같은 요소가 정해질 수 있다. 혹은 사운드일 경우 음정, 박자, 비트, 리듬, 스피드, 타임, 피치, 음량 등 소리적 요소가 결정되는 디자인을 말한다.

물론 데이터 값이 무엇을 의미하는지 데이터 시각화 디자인을 하거나 데이터를 정보화하여 그 콘텐츠를 인포그래픽(Infographic)으로 대중이 쉽게 이해하도록 하는 목적으로 디자인하거나 데이터로 예술적 발상을 표현하려는 목적으로 작업을 할 수도 있다. 결론적으로 데이터 기반 디자인은 데이터를 디지털 콘텐츠나 시각적 표현으로, 혹은 사운드, 영상, 애니메이션으로 표현하는 디자인이라고 할 수 있겠다.

인포그래픽은 정보화된 데이터를 가지고 그래픽으로 디자인하여 쉽게 정보를 전달할 수 있게 디자인되어 있는 그래픽이다. 인포그래픽의 조형적 요소를 디자이너가 주어진 데이터 세트에 특정 규칙을 적용하여 표현하였을 때, 데이터 기반 포스터 그래픽이 된다. 인포그래픽은 특정 주제를 다루는 기사에 삽입되어 독자의 이해를 돕는 역할을 하기도 한다.

또한 데이터 기반 그래픽 디자인 분야에서는 디자이너가 특정 이슈를 정하여 데이터 값에 의해 생성되는 데이터 시각화로 포스터를 디자인하기도 한다. 이렇게 데이터로 이미지를 생성시키기 위해서는 규칙을 정해 코딩으로 작업을 할 수 있는데 이때 데이터 기반 예술 활동에서 컴퓨터 코딩으로 자동 생성시키는 제너러티브 디자인 작업은 매우 중요한 역할을 한다.

데이터 시각화

데이터 시각화는 영문으로는 데이터 비주얼라이제이션(Data Visualization)이라고 불리며, 과학과 예술 분야 모두 데이터 분석을 위한 데이터 시각화 작업을 할 수 있다. 데이터 시각화는 데이터를 대중과 소통하기 위하여 시각적으로 주목받을 수 있도록 표현하기도 하고 연구 데이터를 탐색하기 위한 방법론으로 사용하기도 한다. 마케팅 분야에서는 기본적인 디자인 마케팅 방법으로 발전되고 있으며, 데이터 아트 등 다양한 분야에서 데이터 분석과 커뮤니케이션을 위해 활용한다.

데이터 시각화는 데이터, 알고리즘, 컴퓨터 처리의 결과, 프로세스, 사용자 컨트롤, 그리고 애플리케이션의 다양한 구성 요소를 포함하고 있는 특정 오브제나 주제의 시각적 표현 방법이라고 할 수 있다. 하지만 데이터 시각화는 꼭 명확한 소통만을 위한 것은 아니다. 예술 활동에 응용될 때 시각적 표현에 주로 사용되지만 데이터 세트를 미적으로 그리고 비판적으로 탐색할 때 응용하는 방법론이기도 하다.

지금의 데이터 시각화는 좀 더 확장된 개념이라고 할 수 있지만 데이터 시각화를 연구해 온 학자, 코사라(Kosara)의 연구를 빌려 데이터 시각화를 간단명료하게 설명하자면, 데이터 시각화는 이미지로 제작된 것이며, 내용을 읽을 수 있거나 인지할 수 있고, 비시각적인 데이터에 기반한다고 할 수 있다. 현재는 시각화를 넘어서 데이터를 소리화, 텍스처화, 3D프린팅으로 조형화시킨다.

그렇다면 왜 데이터 시각화가 중요한가? 그것은 데이터 시각화를 통해서 복잡한 정보를 단순 명료하게 표현하여 설득할 수 있으며 정보에 집중시킬 수 있기 때문이다. 그리고 특정 데이터 세트나 프로젝트의 문제를 이해하는 데 도움이 되며 서술된 글과 프레젠테이션을 향상

시키기 때문이다.

데이터 기반 디자인 프로세스

데이터 기반 디자인이나 데이터 기반 예술 활동에서 주로 디자인적 규칙이나 방법론으로 그래픽화하거나 작가적 발상법으로 시각화 또는 조형화한다. 둘 다 창작자의 스타일이나 사용 툴 등에 따라 결과는 많이 다르다. 데이터에 대한, 데이터에 의한 디자인을 하기 위한 프로세스는 여러 과정을 거친다.

가장 먼저 시각화하고자 하는 데이터가 지닌 주제와 의미를 파악하는 것이 중요하다. 데이터가 품고 있는 주제와 의미는 디자이너가 데이터 탐색을 통해 주도적으로 찾아내야 한다. 예를 들자면 특정 지역의 소음에 대한 데이터 세트를 탐색해 보았을 때 그 안에서 도시 층간 소음을 주제로 찾아낼 수 있고, 공사 소음일 수도 있으며, 아니면 교통 소음일 수도 있다. 이 세트는 모두 다른 종류의 소음이며, 다른 원인에 의한 문제점이라고 추론할 수 있다. 이렇게 데이터를 의미적으로 탐색하다 보면, 데이터가 담고 있는 주제가 드러난다. 이것이야말로 데이터 기반 디자인의 주요 콘텐츠가 될 수 있다.

데이터 기반 디자인 콘텐츠로 주제를 찾았다면, 이와

관련된 다른 데이터 세트가 있는지 찾아본다. 그 이유는 데이터 탐색에서 추출한 주제 콘텐츠와 관련된 다른 데이터 세트가 있다면 그 관계를 탐구해 볼 수 있기 때문이고, 또한 그 관계성에 의해 디자인이 좀 더 다이내믹해질 수 있기 때문이다. 즉, 예로 든 도시 층간 소음 데이터와 관련하여 민원 발생 데이터와의 관계를 형성한다면, 데이터 콘텐츠가 맥락적으로 좀 더 심도 있게 디자인될 수 있다.

이런 과정을 통해 데이터의 주제와 콘텐츠를 정했다면, 이제 데이터 값에 의한 디자인을 위하여 시각적 요소를 데이터 카테고리나 변화하는 데이터 값으로 데이터 맵핑(Mapping)을 한다. 이 프로세스에서 시각화를 위한 규칙을 정해야 하고 데이터 콘텐츠를 메타포화할 수 있는 자기만의 시각적 언어를 찾아야 한다.

데이터 시각화를 위한 규칙을 정하는 단계는 매우 중요한 스텝이다. 데이터 시각화 작업 전, 중, 후반 작업에 따라 규칙이 유연하게 정리될 수 있지만 시각화 작업을 하면서 규칙을 정리하는 것이 최종 시각화 작업을 위해 중요하다. 이 점은 예술적인 데이터 시각화 작업에서도 같다. 이를 간혹 데이터 시각화를 위한 데이터 맵핑이라고 부르기도 하는데 데이터 규칙이 있어야 데이터 시각

데이터 값 (행)에 따른 다양한 시각적 요소 (위치, 색, 투명도 등 - 열) 표시

	분류된 데이터 값	분류된 데이터 값	분류된 데이터 값
데이터시각화 규칙	미세먼지 PM_{10} in Seoul (real-time, 3 stages)	초미세먼지 $PM_{2.5}$ in Seoul (real-time, 3 stages)	초미세먼지 $PM_{2.5}$ in Brisbane (real-time, 3 stages)
Layer of depth (top, middle, bottom)	x	x	x
컬러 ($PM_{2.5}$/PM_{10}): green (0-12/0-54), orange (13-35.4/55-154), pink (35.5+/155+)	x	x	x
투명도 (40, 50, 60)	x	x	x
스피드	x	x	x
파티클 생성 크기와 수 (지름과 수)	x	x	x
센서에 의한 파티클 생성			x

그림 4-1. 작품, 'BreatheOut' 데이터맵핑 표, 김영희(2019)

화나 소리화, 입체화 등등의 작업에 데이터가 응용될 수 있다.

그림 4-1은 데이터 맵핑 표의 예제로 저자의 2020년도 작품 〈숨을 내쉬다(BreatheOut)〉의 시각적 요소를 위한 규칙을 정리한 표다. 이를 살펴보면 특정 데이터 값에 의한 색, 크기, 투명도, 모션 등의 표현적 요소가 정리되어 있다.

데이터 시각화를 위한 규칙을 정하는 것도 중요하지만 무엇보다 데이터를 시각화하기 전에 데이터를 수집하는 과정이 없이는 불가능하다. 데이터를 수집할 때에도 특정 규칙을 정하여 수집을 하여야 한다. 데이터 시각화를 함에 있어 데이터 수집자는 얼마나 자주, 어디에서, 무엇에 대한 데이터를, 어떤 포맷으로, 최소/최대의 제한된 수치 등의 규칙을 정해 수집을 하는 것이 좋다. 데이터를 수집하지 않고, 이미 수집된 데이터 세트를 사용한다면, 그 데이터 세트에서 어떤 종류의 데이터 값을 추출하여 사용할지에 대한 규칙을 정한다.

예를 들어 일주일 동안 시계를 볼 때마다 확인한 시간에 대한 데이터를 수집한다고 가정을 해 보자. 우선 스스로 데이터를 직접 수집할지 정했다면, 핸드폰 시계도 포함할지, 시계의 숫자를 12시간 단위로 수집할지 등에 대한 규칙을 정한다. 하루에 몇 번 시간을 보는지, 또한 시계를 보았을 때 그 시간을 어떻게 기록하여 수집할 건지 정해야 하는데 노트에 적거나 음성으로 녹화를 한다 하더라도, 어떤 내용을 기록할지 자기만의 규칙을 정해야 한다. 즉, 날짜, 요일, 시계를 본 시간, 시계가 2개 이상이면, 어떤 시계인지, 원한다면 "왜" 보았는지도 기록할 수 있다. 스케치북에 수집을 하면서 규칙에 따른 시각적 요소를 그려 넣을 수도 있다. 이 과정에서 자연스럽게 기호화할 수도 있는데 이는 최종 데이터 시각화에 영감을 줄 수도 있다.

다음 단계는 데이터를 분류하거나 분석하는 프로세스를 거치게 되는데, 분류를 먼저 하고 난 후 분석을 하기도 하고, 먼저 분석을 한 후 분류를 하기도 한다. 데이터 분석과 분류에는 '코드'라고 하는 규칙이 들어가게 된다. '코드'라는 것은 규칙이 있는데 간단한 예로 서류 더미를 내용에 따라 특정 색의 폴더에 분류한다면 '색'이라는 규칙을 적용한 코드가 되는 것이다. 예를 들자면 소셜 미디어에 올린 불특정 다수의 글을 크롤링(Crawling)하여 글에 사용된 단어를 추출하여 데이터 세트를 만든다면 그 단어들을 테마별로 분류하기 위해서는 단어의 맥락을 읽고 그 의미를 분석하여야 한다. 이것을 테마 분석(Thematic Analysis)이라고 한다. 인공지능을 학습시킬 데이터에 라벨링을 하는 작업도 이와 비슷하다고 볼 수 있다.

이제 정해진 규칙을 기반으로 알고리즘을 만들어 디자인을 코딩으로 자동 생성하거나 직접 시각화하여 디자인을 하는 최종적인 단계가 남았다. 데이터 시각화는 시각화를 하는 자가 설정한 특정 규칙을 따른다. 실시간 데이터 시각화라면 더더욱 그렇다. 물론 그 규칙이 꼭 컴퓨터로 자동화되거나 수학적일 필요는 없다.

데이터 맵핑을 코딩으로 접근한다면 디자이너에겐 조금 어려워진다. 데이터 세트가 가진 여러 규정 요인인 파라미터(Parameter)를 정하고 여러 콘텐츠를 분류하여 결과치에 연결하는 작업이다. 여기서 파라미터는 데이터 시각화 작업이나 코딩을 하면서 종종 듣는 단어다. 특성, 조건, 한계, 매개 변수 등의 의미를 가진 이 단어는, 데이터나 코딩의 함수의 한계나 범위를 정하는 데 사용되기도 한다.

첫 번째 데이터 시각화가 완성되었다면 디자인 이터레이션(Iteration) 과정을 거치면서 시각적 요소에 대한 칼리브레이션(calibration)을 한다. 실시간 데이터를 알고리즘에 의해 디자인을 생성시킬 때는 예측 불허한 데이터 값이 생길 수 있어 시각화 도중 에러가 생길 수 있기에 실시간 데이터 시각화 모니터링을 꼭 거쳐야 한다.

결론적으로 데이터 기반으로 조형적 디자인을 할 때 디자인적 규칙이나 방법론으로 그래픽 디자인을 할 수 있고, 작가적 발상법으로 시각화 또는 조형화할 수도 있다. 둘 다 창작자의 스타일이나 사용하는 툴, 코딩 언어 등에 따라 결과는 많이 다르다.

물론 데이터 시각화는 손으로 그릴 수 있지만, 디지털 작업에서 데이터 시각화에 사용하는 소프트웨어 툴은 프로세싱(Processing), 터치 디자이너(Touch Designer), 유니티(Unity), 언리얼 엔진(Unreal Engine), 엔비보(Nvivo) 등 다양한데 수동으로 작업한다면 어도비사의 크리에이티브 디자인 창작 툴로도 가능하다.

데이터로 표현된 작품

2016년 구글 크리에이티브 랩(Google Creative Lab)의 카일 맥도널드(Kyle McDonald)와 그의 팀, 그리고 코넬 조류학 연구소 팀과 협업하여 작업한 〈버드 사운즈(Bird Sounds)〉라는 프로젝트가 있다. 미주 지역에 서식하는 새의 소리를 수집하여 제작한 인터랙티브 데이터 시각화 인터페이스다. 새소리는 새의 종류만큼 매우 다양하다. 이 실험적 프로젝트는 기계 학습을 사용하여 수천 종류의 새소리 데이터를 분류하였는데 구글의 오픈 소스 기술인 t-SNE을 사용하여 사운드 패턴이 비슷한 소리들이 함께 나열되도록 디자인되었다. 즉 비슷한 사운드가 가깝게 위치하도록 레이아웃 된 데이터 기반 디자인 작품이라고 할 수 있다. 사용자가 마우스를 스크린상에서 움직이면 마우스가 오버 되는 블록에서 녹화된 새소리가 울려 간단한 마우스 인터랙션으로 다양한 새소리를 들을 수 있다.

데이터로 3D 오브젝트나 데이터 조형물을 만들기도 한다. ANF의 〈스펙트럴 덴시티 에스티메이션(Spectral Density Estimation)〉은 스펙트럼의 밀도적 예측이란 뜻으로 데이터 조형물(data sculpture)이라고 부를 수 있는 오브젝트다. 이 작품은 SECCA와 윈스톤-셀렘(the SECCA and the Winston-Salem) 심포니 오케스트라의 커미션을 받은 두 점의 조형물로 오케스트라의 공연 음원을 녹음하여, 분석된 소리 데이터로 목재를 깎아 입체적 구성을 만들어 낸 작품이다. 목재는 미술관 외부에서 쓰러진 삼나무의 재목으로 만들었다.

한윤정 작가의 〈손끝소리(Digiti Sonus)〉는 지문 감지 센서로 지문을 감지하여 3D 입체화하는 동시에 소리화했다. 관람객의 지문을 소리화하여 인간의 아이덴티티를 탐구하는 인터랙티브 사운드 설치 작품이다. 이후 홍채 데이터를 3D 입체화하여 소리화하는 인터랙티브 설치 작업을 이어가고 있다.

실시간 날씨 데이터의 변수를 적극 활용하여 작업하는 미디어 아티스트 마오틱(Maotik)의 불규칙한 날씨를 뜻하는 〈Erratic Weather〉는 트랜스 아트(Transart), 현대 이스탄불(Contemporary Istanbul), 소니카(SONICA)와 같은 글로벌 행사에서 발표한 데이터 기반 오디오 비주얼 설치 작품이다. 작가 사이트의 작품 설명을 기반으로 말하자면, 세계의 리더들이 회의적인 자세를 보이고 있음에도 기후 변화 문제는 현실이고, 지구는 그냥 어느 한 지역에서만 온난화가 진행되고 있는 것이 아니다. 이는 지구 날씨가 점점 더 비정상화되고 있다는 메시지를 전달하기 위한 작품이다. 이 미디어 설치물은 국립 허리케인 센터(the Hurricane National Center)로부터 허리케인 예측 데이터를 받아 시각화한 작품이다. 이 제너러티브 시스템은 매 15분마다 특정 허리케인을 랜덤하게 골라 그 데이터를 이용하여 영상의 타임라인을 형성한다. 이 오디오 비주얼 시스템은 데이터의 변수에 따라 변화하고 반복되지 않는 관객만의 독자적인 경험을 만든다. 환경 관련 데이터 기반의 예술 작품은 이제 쉽게 찾아볼 수 있다. 하지만 이처럼 실시간 데이터로 사운드와 시각적 경험을 밀도 깊게 보여 주는 작품은 보기 드물다.

참고문헌

김영희(2023). "데이터, 알고리즘, AI와 예술: 홍익대학교 디자인컨버전스학부 대학혁신지원사업 사이버강의콘텐츠개발 보고서". 홍익대학교.

한윤정(2012). 〈손끝소리(Digiti Sonus)〉. http://www.thestream.kr/archives/306

Kim, Y.(2020). Seeking For Outliers: Artistic Exploration of Data Through Creative Practice. Ph. D. thesis, Queensland University of Technology. https://eprints.qut.edu.au/206985

Kosara, R.(2007). Visualisation Criticism – The Missing Link Between Information Visualisation and Art. *2007 11th International Conference Information Visualization(IV '07)*, pp.631~636.

Maotik(2019~2023). 〈Erratic Weather〉. http://www.maotik.com/erratic/

McDonald, K. et al.(2016). 〈Bird Sounds〉. Google Creative Lab. https://experiments.withgoogle.com/ai/bird-sounds

Studio ANF(2012/2013). 〈Spectral Density Estimation〉. https://studioanf.com/spectral-density-estimation-data-sculpture/

05

규칙과 알고리즘 생성 예술

자연 속의 규칙처럼 생성 예술에도 규칙이 존재한다. 또한 일련의 규칙으로 이루어진 알고리즘도 생성 예술에서 쉽게 찾아볼 수 있다. '규칙'에 의한 생성 예술, 제너러티브 아트를 여러 작품을 예제로 소개하며 그 특성을 알아본다.

AI 콘텐츠 크리에이터?

제너러티브 아트

데이터와 AI에 대한 글을 읽다 보면 규칙, 알고리즘, 제너러티브(Generative) 등과 같은 용어가 자주 언급된다. 규칙과 알고리즘으로 생성되는 예술 분야인 제너러티브 아트에 대해 알아보자. 규칙과 알고리즘으로 창작하는 예술 활동은 단연코 크리에이티브 코딩(Creative Coding)이라고 불리는 제너러티브 아트 분야다. 제너러티브 아트는 정해진 규칙에 따라 생성되는 예술로 알고리즘이 적극 응용되는 예술 분야를 말한다.

제너러티브 아트는 생성 예술, 크리에이티브 코드 아트(Creative Code Art), 컴퓨테이셔널 시각 예술(Computational Visual Art)로 불리기도 한다. 제너러티브 아트는 사전적 의미로 '생성의', '발생의'라는 뜻의 'Generative'와 '예술'을 뜻하는 'Art'가 결합하여 '생성 예술', '발생 예술', '생성적 예술'을 의미한다. 알고리즘 예술로도 불리는 제네러티브 아트는 규칙과 알고리즘 시스템에 의해 자동적으로 결과물이 생성되는 예술이다.

무엇보다 제너러티브 아트는 결과가 아닌 과정에 중점을 둔 예술이며, 규칙에 의해 자동으로 생성되는 프로세스를 통해 예술가의 아이디어를 표현하는 예술이다. 연속적인 알고리즘에 의해 스스로 진화하는 제너러티브 아트는 전에 없던 새로운 아름다움을 창조하는 예술이다.

규칙에 의한 생성 예술

제너러티브 아트는 그 범위가 매우 넓다. 창의적인 지침에 의한 그림, 컴퓨터의 사용 유무와 관계없이 작품을 만드는 특정한 시스템을 모두 제너러티브 아트의 범주로 간주해야 한다. 여기서 시스템이란 각 구성 요소가 서로 일정한 관계를 가지면서 형성하는 하나의 '전체'를 의미하며 순서, 방법, 규칙, 체계 등을 지칭한다.

예술 작품에 규칙이 있다면, 대중적인 작품 중에서 가장 쉽게 떠올릴 수 있는 작품은 몬드리안의 '빨강, 파랑, 노랑의 구성'이 있다. 신조형주의를 창조한 몬드리안은 작품의 구성 요소를 단순화하기 위해 수직선과 수평선만을 사용하였는데, 이것은 작가가 정한 규칙에 따른 예술 표현이라고 할 수 있겠다.

이제 시각 예술, 미디어 아트, 공연 예술과 조소, 영상 애니메이션 등 폭넓은 분야의 예술 창작 과정에서 디지털미디어 작업이 필수가 되면서 규칙에 의해 생성되는 작업이 늘어나게 되었다. 규칙이라고 한다면 컴퓨터 아트로 프로그래밍을 하는 제너러티브 아트 즉 생성 예술을 생각하겠지만, 규칙은 꼭 컴퓨터 프로그래밍을 통해 자동화시키는 것만이 다가 아니다. 이렇게 몬드리안처럼 수동적으로 규칙을 따라 작업할 수도 있다.

만약 코드로 단순한 그래픽 형태의 이미지를 생성시키기 위한 가장 간단한 규칙의 예를 들자면, 시각적 구성 요소에 커브가 있을 시, 커브는 붉은색으로 표현된다는 규칙을 들 수 있다. 또한 시각적 구성 요소에 각이 져 있다면 모든 각진 형태는 푸른색으로 표현된다는 두 번째 규칙을 넣을 수 있다. 이러한 규칙으로 이미지를 생성시킨다면 모든 각진 형태의 도형은 자동으로 푸르게 그려지고 커브가 있는 원이나 아치 형태의 도형은 모두 붉은색으로 그려질 것이다. 이렇게 특정 규칙에 따라 그 결과에 따른 시각적 요소나 반응을 정하는 것, 그것이 데이터 시각화 같은 작업의 생성 규칙이라고 할 수 있다. 컴퓨터 프로그램을 사용하는 디지털 미디어상에서는 이러한 규칙에 따라 자동적으로 결과가 나오도록 코딩할 수 있다. 즉 특정 컨디션에 따른 결과를 정할 수 있다는 것이다.

제너러티브 아트의 발전

제너러티브 아트의 역사는 생각보다 꽤 오래되었다. 1950년대 개념 예술의 등장으로 코드화된 예술이 나타나면서 1960년대 초기 컴퓨터 그래픽스와 연결되며 크리에이티브 코딩 개념이 시작되었다. 1980년대에는 프랙탈(Fractal) 기반의 작품이 등장하면서 수학적 개념이 예술에 적용되기 시작했다. 1990년대 이후 인터넷과 디지털 기술의 발전으로 더 많은 사람들이 컴퓨터로 작품을 생성시키면서 오픈프레임웍스(OpenFrameworks)와 프로세싱(Processing)과 같은 소프트웨어 라이브러리와 툴이 등장하기 시작했다. 2010년대 이후 현재에 와서는 AI와 기계 학습 기술의 발전으로 새로운 형태의 제너러티브 아트가 등장했다. 예를 들면 GANs(Generative Adversarial Networks)을 이용한 작품과 생성 AI의 활용이 디자인 예술 산업에 빠르게 적용되고 있다.

제너러티브 아트는 코드에 의해 생성되는 예술이기에, 컴퓨터 아트로만 생각하기 쉽지만, 코드라는 것은 어떠한 규칙을 정하여 작품을 만들어 내는 개념적 지침으로 수동으로 생성시킬 수 있다. 그 예로 솔 르윗(Sol Lewitt)이 1968년부터 시작한 〈월 드로잉(Wall Drawing)〉 시리즈가 있다.

르윗은 개념 미술가로 널리 알려져 있다. 개념 미술(Conceptual Art) 분야의 르윗은 1968년부터 2007년 작고할 때까지 근 40년 동안 〈월 드로잉〉 연작을 반복해서 제작했다. 그는 드로잉을 하기 위한 지침을 자세하게 규

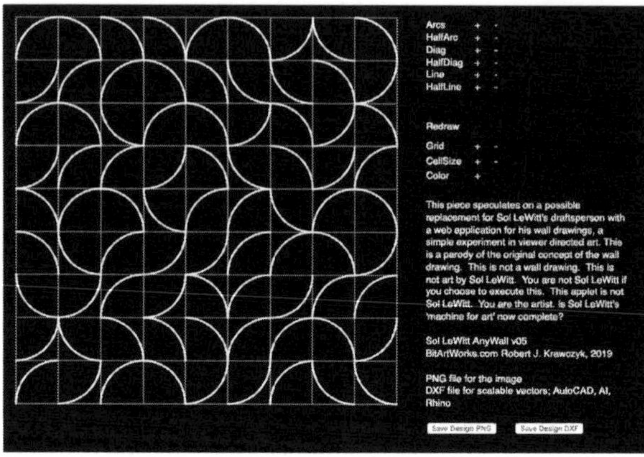

그림 5-1. 그로첵(Krawczyk)의 온라인프로젝트 2019.

칙으로 적은 매뉴얼을 작업자에게 전달하여 미술관 벽에 월 드로잉 작업을 시킨다. 규칙에 따라 그려진 〈월 드로잉〉은 규칙에 의해 생성 시 발현하는 랜덤적 요소로 그려질 때마다 미세하게 변화한다.

규칙에 의해 그림을 생성시키는 르윗의 작품에 영감을 받아 컴퓨터 코딩으로 〈월 드로잉〉 작품을 재생성시킨 작가들이 있다. 로버트 크로첵(Robert J. Krawczyk 2019)이 〈솔 르윗 AnyWall v05〉 작품을 온라인에 시스템화하여 유저가 버튼을 클릭하여 파라미터의 변수를 조금씩 변화시키면 월 드로잉 패턴이 그 변수의 변화에 따라 달라지는 것을 볼 수 있다.

이렇듯 솔 르윗의 월 드로잉 시리즈는 여러 미디어 아티스트에게 영감을 주었는데 오픈 소스 비주얼 프로그래밍 소프트웨어인 Processing(프로세싱)을 개발한 케이시 리아(Casey Reas) 또한 솔 르윗의 개념 아트에 영감을 얻어, 〈월 드로잉〉을 프로세싱으로 그리는 작업을 하였다. 리아는 개념 미술의 시각으로 소프트웨어를 아트로 보는 관계에 대한 질문을 했다.

피어슨(Pearson)은 그의 2011년 논문에서 "제너러티브 아트에 사용되는 시스템은 인공적 시스템뿐만 아니라 생물, 화학, 수학적 연산, 랜덤, 대칭, 반복과 같은 시스템들을 사용할 수 있다"라고 하였듯이 박테리아 배양기로 생성시킨 시각적 패턴인, '셀투셀(Cell to Cell)'이라는 버크멘과 코보의 바이오 아트 작품도 제너러티브 아트의 좋은 예로 들 수 있다.

순차적 규칙을 통해 자동적 결과를 만들어 내는 생성 시스템으로 예술 작품을 만드는 제너러티브 아트는 시각적인 표현 방법에 주로 사용되지만 음악, 건축, 시, 춤, 스토리텔링, 인터랙티브 등의 다양한 분야에서도 적용이 가능하다(Pearson 2011). 그리고 무엇보다도 데이터 시각화 분야와 밀접한 관계를 가지고 있다는 점이다.

제너러티브 예술의 시각적 효과로 디자인하는 작품 예들도 있다. 패션디자인을 제너러티브 디자인 방법론을 응용하여 작업할 수 있다. 3D 프린팅 기술로 패션을 창조하는 아이리스 밴 허르펜(Iris Van Herpen)의 드레스, 그리고 MIT 미디어랩의 네리 옥스만(Neri Oxman) 교수의 연구 작품인 〈실크 파빌리온(Silk Pavilion)〉은 수천 마리의 누에 집을 제작하여 누에가 미리 디자인된 프레임을 따라 실크 실을 자연스럽게 짤 수 있는 환경을 만들어 생성시킨 실험적 바이오 아트 건축물이다. 이것은 자연을 디자인 프로세스에 융합한 작품이라고 할 수 있다.

제너러티브 아트는 그 독특한 작업 과정으로 인한 고유의 특성이 있는데 폴 맥닐(Paul McNeil)은 제너러티브 디자인의 특징을 여섯 가지로 정리하였다. 이는 예측 불가능성(Unpredictable), 복잡성(Complex), 무한성(Unlimited), 돌연변이적(Mutating), 성장하는(Growing), 모방성(Unoriginal)이다.

이미 눈치챈 독자들은 알겠지만, 이 특징은 데이터 기반 디자인에도 적용될 수 있다. 제너러티브 아트에서 규칙과 알고리즘에서 사용되는 값을 특정 데이터 값의 변수로 대체시켰을 때, 데이터 기반 아트와 데이터 시각화 디자인이 생성될 수 있다.

예를 들어 설명하자면 만약 연기 형태의 모션 그래픽을 마우스 위치에 따라 연기 흐름의 방향이 달라지게 코드로 생성시켰을 시, 마우스의 위치 값 대신, 실시간 풍향 데이터 값을 받아서 연기의 흐름을 조정한다면 그것이 바로 데이터 기반 디자인인 것이다.

참고문헌

김동옥·최정화(2017). "제너러티브 아트(Generative Art)의 시각적 속성이 반영된 패션디자인 분석". 《한국의류학회지》, 41(5), 825~839쪽.

김영희(2023). "데이터, 알고리즘, AI와 예술: 홍익대학교 디자인컨버전스학부 대학혁신지원사업 사이버강의콘텐츠개발 보고서". 홍익대학교.

TTA정보통신용어사전. "알고리즘". http://www.ktword.co.kr/test/view/view.php?m_temp1=635

Berkmen, M. & Peñil, M.(2015). 〈Cell to Cell〉. American Society for Microbiology Agar Art Contest 2015, People's Choice. Wikimedia Commons. https://commons.wikimedia.org/wiki/File:Cell_to_Cell.jpg#:~:text=English:%20%22Cell%20to%20Cell%22%20by%20microbiologists%20Mehmet,Society%20of%20Microbiology's%202015%20Agar%20Art%20Contest

Krawczyk, R.(2019). 〈AnyWall v05〉 Sol Lewitt를 디지털화한 온라인 프로젝트. https://processing.org/examples/koch.html

McNiel, P.(2003) as cited by Choi, J.(2011). Case studies on application of generative design methodology in art and design. *Journal of Digital Design, 11*(4), pp.431~440.

Oxman, N. et al.(2012). "Silk Pavilion". http://adedu.co.nz/josh-woodward-already-there/

Park, S.(2012). Research on the esthetical context of the generative art & technical similar boundaries. *Journal of Digital Design, 12*(2), pp.179~189.

Pearson, M.(2011). *Generative art: A practical guide using processing*. Manning Publications Co.

Reas, C.(2016). 〈Wall Drawing #358〉 Sol LeWitt의 〈Wall Drawing #358〉을 디지털화하여 작업한 프로젝트. https://artport.whitney.org/commissions/softwarestructures2016/map.html

06

데이터, 알고리즘, AI

데이터 기반이라고 할 수 있는 AI에 있어 규칙과 알고리즘은 중요한 개념이다. 이에 데이터, 알고리즘과 AI의 개념을 작품 예제를 통해 순차적으로 연결하여 다루며, 데이터와 AI의 관계, 그리고 거대 언어 모델인 LLM에 대하여 다룬다.

AI와 민주주의?

데이터와 알고리즘

데이터 시각화를 위해서는 데이터 탐색과 분류 작업이 중요한데 그 데이터 세트를 어떤 규칙으로 시각화할지에 대한 창작 계획을 가져야 한다. 규칙을 만들 때 좀 더 발전된 형태의 알고리즘을 접하게 된다. 알고리즘의 사전적 정의는 '일정한 계산 기준을 정하기 위한 일련의 규칙'인 것처럼 알고리즘에서 '규칙'은 매우 중요한 요소다. 알고리즘은 컴퓨터 환경에서 흔히 쓰이는 말로, 어떤 문제를 해결하기 위한 일반적이고도 단계적인 방식을 말한다. 문제 해결을 위해 공식을 사용한다는 것은 최적의 과정을 찾는다는 의미인 반면, 알고리즘으로 문제 해결을 한다는 것은 단 하나의 방법만을 제시하지 않는다는 점에서 차이를 보인다. 예컨대 미로를 찾거나 원하는 상품을 사거나 인공지능과 상호작용하기 위한 알고리즘은 이용자와 대상의 관계에 따라 다양한 과정을 제시해 준다.

또한 알고리즘이 컴퓨터 코딩 그 자체는 아니다. 플로차트(flow chart) 형식으로 쓰여진 글일 수도 있고, 수도 코드(Pseudo Code)일 수도 있다. 수도 코드란 코딩 언어가 아닌 일상적 언어로 프로그램을 짜는 것을 말한다.

알고리즘이 작동할 때 입력을 뜻하는 인풋, 중간 프로

세스, 그리고 출력을 뜻하는 아웃풋 프로세스가 있다. 요리를 하기 위한 레시피는 알고리즘의 예로 들기 좋기에 비유하여 설명을 하자면 이렇다. 샐러드를 요리하기 위해서는 재료와 레시피가 필요하다. 여기서 계란, 토마토, 양상추와 같은 요리 재료는 데이터 인풋에 비유할 수 있다. 이러한 재료로 요리를 할 때, 레시피의 규칙에 따라 순차적으로 재료를 씻고, 자르고, 삶거나 구울 수 있다. 이 과정은 중간 프로세스라고 할 수 있으며, 준비된 재료를 그릇에 넣고 레시피에 따라 소스에 섞어서 완성시켜 내는 것은 알고리즘의 출력에 비유할 수 있다.

알고리즘으로 자연의 법칙을 모방하여 아름다운 이미지를 생성시킬 수 있다. "단순한 알고리즘은 아름답다(A simple algorithm is beautiful)"란 말이 있다. 미디어 아트에 종종 응용되는 프렉탈(Fractal) 알고리즘으로 아름다운 패턴을 생성시킬 수 있다. 예를 들면 코흐(Koch) 알고리즘을 사용하여 프로세싱과 같은 소프트웨어로 코딩하여 생성시키는 코흐 곡선 이미지는 아래와 같은 모습을 가진다.

코흐 곡선(Koch curve)는 수학의 곡선으로 가장 처음에 나온 프렉탈 중의 하나다. 1904년 스웨덴의 수학자 헬리에 폰 코흐의 논문에서 처음 등장하여, 코흐 곡선이

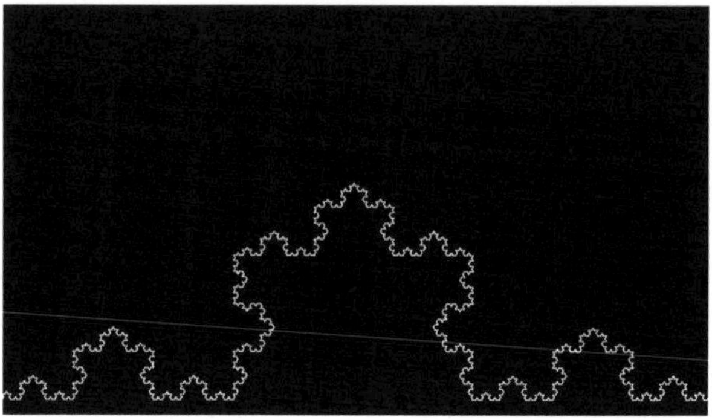

그림 6-1. 프로세싱 코드로 생성시킨 코흐 곡선(Shiffman, 2021)

라고 불린다.

코흐 알고리즘 외에 이미지 생성 알고리즘 중에서 자연의 성장 과정을 모방한 알고리즘이 있다. 나뭇가지나 잎을 생성하는 데 응용되는 엘-시스템(L-System)이다. L-System은 린덴마이어 시스템(Lindenmayer System) 알고리즘의 줄임말이며 헝가리 생물학자인 린덴마이어가 나뭇가지의 자라나는 시스템을 분석하여 개발했다. L-system은 프로세싱과 같은 크리에이티브 코딩 언어나 언리얼(Unreal) 게임 엔진, 유니티(Unity)나 터치 디자이너(Touch Designer)와 같은 노드 기반의 3D 툴에서 메뉴로 있어 파라미터의 변수를 조정하여 나뭇가지나 잎을 생성시킬 수 있다.

데이터로 소통하는 작품

실시간으로 생성되는 데이터 시각화 작품을 관람하는 관객이 직접 자신의 데이터를 온라인으로 입력하여 실시간으로 자신이 입력한 데이터가 작품의 일부가 되어 생성되는 것을 미디어 아트 전시에서 경험하는 경우가 있다. 이러한 프로젝트는 인터랙티브 데이터 시각화라고 할 수 있다. 관련 예제 작품으로 저자의 2020년도 작품 〈아웃레이어스(Out-Layers)〉가 있다.

이 작품은 빅스크린에 실시간 소셜 데이터로 5가지 색의 패턴이 변화하는 작품으로 2018년 플랫폼엘 컨템포러리 아트센터에서 연 개인전 〈더 센스 오브 데이터〉에서 선보인 작품이다. '#셀카' 해시태그로 실시간 업데이트된 인스타그램의 캡션 글을 작가가 지정한 알고리즘으로 5가지의 감정의 테마로 분류시켜, 단어의 의미로 분류된 테마에 해당되는 단어의 수에 따라 5가지로 지정된 색의 띠의 두께가 높아지거나 얇아지면서 패턴이 실시간 생성되어 시간의 흐름에 따라 스크린에 쌓아 올려진다. 전체적으로 본다면 오색의 랜덤한 두께의 스트라이프로 가득 찬 스크린이다. 10초마다 새로운 패턴의 오색 띠가 한 줄씩 그려진다. 만약 관람객이 작품의 데이터 소스를 인지하고 #셀카 해시태그로 셀카 이미지를 캡션 글과 함께 인스타그램에 포스트하면 그 내용에 따라 실시간으로 업데이트되는 다양한 두께의 색의 띠를 볼 수 있다. 이러한 수동적 인터랙션은 관객의 데이터가 시각화의 일부가 되었을 때 작품에 공감을 느낄 수 있고, 데이터에 의한 작품 속 새로운 변화를 즉시 경험할 수 있으며 다른 데이터와의 관계적 변화를 시각적 표현으로 인지할 수 있다. 이러한 인터랙션은 다이내믹한 데이터 스케이프(Datascape)를 그려 준다. 데이터 스케이프는 데이터로 그린 랜드스케이프(Landscape)로 이해하면 되겠다. 실시간 데이터로 생성되는 데이터 시각화는 작품이 설치된 공간에서 데이터로 인터랙션하는 타인과 연결되어 다이내믹한 공간을 조성할 수 있다.

데이터와 AI

AI로 이미지나 텍스트 등을 생성시키려면 AI를 학습시킬 수 있는 양질의 데이터가 필요하다. 우선 AI의 개념을 이해해 보자. 독자들 대부분 AI 기반 가전제품을 일상적으로 사용하거나 챗GPT와 같은 대화형 AI 툴을 사용해 보았을 것이라 추측해 본다. 이렇듯 생성 AI 툴이 만연한

그림 6-2. 실시간 #셀카 데이터로 그린 작품, 〈아웃레이어스(Out-Layers)〉(김영희 2020).

지금, AI는 낯설지 않은 용어일 것이다.

AI는 Artificial Intelligence의 줄임말이다. 직역하여 인공지능으로 불린다. 인간처럼 학습하고 생각하는 소프트웨어 시스템을 우리는 인공지능이라고 부르는데 사전적인 정의를 살펴보면, AI는 추론(推論) · 학습 또는 언어 이해 등 인간이 가지고 있는 기능을 기계에 의해 실행하는 능력이라고 한다.

이해를 위해 AI를 활용한 예를 든다면 자율주행 자동차의 운전 시스템, 대량의 이미지 데이터 처리 및 분류, 금융 관련 데이터 처리, 자연어 처리(사람이 사용하는 일반 언어로 작성된 문서를 처리하고 이해하는 분야), 음성 인식으로 사람의 음성 언어를 컴퓨터가 해석해 그 내용을 문자 데이터로 전환하거나 특정인의 음성 파일을 학습시켜 특정인의 목소리로 공연을 할 수 있도록 하는 것 등이 AI로 처리되는 것이다.

이러한 AI 기술이 현재 진행형으로 고도화를 이루게 된 배경은 4차 산업혁명에 따른 다양한 분야에서의 기술 발전으로 인한 것이라고 볼 수 있다. 인터넷과 모바일 기기, 사물 인터넷 기술 활용 등으로 수집 생성된 수많은 데이터가 축적됨에 따라 처리하고, 기계 학습하는 기술의 발전으로 인해 AI 기술도 함께 발전하게 된 것이다.

머신러닝(Machine Learning)은 기계 학습이란 뜻으로, 인공지능의 한 분야로 간주되며, 컴퓨터가 데이터를 통해 학습하고 경험을 통해 자동으로 개선하는 컴퓨터 알고리즘의 연구를 말한다. 머신러닝을 언급할 때 딥러닝(Deep Learning)이란 용어도 함께 언급되는 경우가 있는데, 심층 학습을 의미하는 딥러닝은 여러 비선형적 변환 기법의 조합을 통해 다량의 데이터나 복잡한 자료들 속에서 핵심적인 내용 또는 기능을 요약하는 작업을 시도하는 높은 수준의 기계 학습 알고리즘의 집합이다. 간단히 말하자면 큰 틀에서 사람의 사고방식을 컴퓨터에게 가르치는 기계 학습의 한 분야다. 이 딥러닝 기술은 대중에게 인간처럼 대화를 나눌 수 있게 되는 ChatGPT와 AI로 그림을 그릴 수 있는 생성 AI를 발전시켰고 음성 인식과 생성, 영상 인식과 생성 등에 응용된다.

LLM 기반의 대화형 AI

대화형 AI 발전의 큰 영향을 끼친 LLM(Large Language Model)은 '거대 언어 모델'을 의미한다. 2023년 초 챗GPT(Chat Generative Pre-trained Transformer)가 국내에 실험 버전으로 소비자들에게 공개되면서 인간과 자연스럽게 대화가 가능하진 LLM 기술이 주목을 받게 된다.

AI는 학자들마다 정의가 다르고, 구분 방법도 다양하게 존재하는데, LLM 설명을 위해 AI를 구분하여 보자면, 크게 1) 목표에 따라서 인간처럼 생각하는 시스템, 2) 인간처럼 행동하는 시스템, 3) 합리적으로 생각하는 시스템, 4) 합리적으로 행동하는 시스템, 이렇게 4가지로 구분한다. 이 4가지를 다시 두 부류로 나눌 수 있는데, 합리적인 사고를 하는 인공지능 시스템과 인간처럼 사고하는 인공지능 시스템이 있다.

언어 모델(Language Model)은 인간의 언어 처리 과정을 재현·표현할 수 있게 추상화된 모델이다. 컴퓨터가 인간의 언어 처리 과정에서 다음 단어를 예측하도록 하는 하나의 표본이자 모형이다. 이 언어 모델은 단어, 문장 및 문맥을 포함하는 텍스트 데이터 세트로 학습되며, 학습을 마친 언어 모델은 텍스트를 생성, 번역, 요약, 이해하는 데 사용된다. 즉 LLM은 사람처럼 언어를 독해하여 이해하는 것이 아니라, 다양한 문맥에 맞춰 통계치를 고려하여 문법에 맞게 자연스럽게 문장을 생성하는 방식이다. 위의 두 분류에서 LLM은 합리적인 사고를 하는 인공지능 시스템이라고 할 수 있다.

LLM의 대표 주자로 꼽히는 오픈AI(OpenAI)의 챗GPT는 이제 대중화된 대화형 AI 서비스로 트랜스포머 언어 모델 기반으로 주로 자연어 처리 작업을 위해 설계되었지만 오픈 소스로 개발된 여러 플러그인(Plug-In)으로 이미지 생성, 코딩 등과 같은 다양한 작업에 적용될 수 있다. 또한 사용자가 대화로 학습을 시키고 이름을 주어 에이전트로 만들어 대화를 할 수 있는데 어떤 사용자는 간혹 대화형 AI 서비스가 진짜 사람인 것 같아 친구처럼 감성적인 교감을 가지기도 한다. 인공지능 서비스와 사랑에 빠지는 남자에 대한 내용의 스파이크 존즈(Spike Jonze) 감독의 2013년 개봉작 〈그녀(Her)〉가 현실이 된 것이다.

거대 언어 모델 기반의 대화형 인공지능의 경쟁 구도의 시작은 오픈AI, 마이크로소프트, 구글, 메타와 같은 4개의 기업이 리드를 하고 있다. 국내에서는 올레TV의 지니, 네이버의 클로버 등이 있다. 대화형 AI는 대중의 사용 빈도가 높고 워낙 빠르게 발전하고 있는 분야이고 많은 경쟁사가 새로운 기술과 서비스를 출시할 것이기에 이 내용은 계속 변화할 것이다. 대화형 생성 AI의 진화로 이제 검색에 대한 패러다임이 바뀌고 있다고 할 수 있으며 키보드 중심의 대화에서 점점 음성 대화로 검색하는 보이스 인터페이스 디자인의 발전도 함께 가질 것이다.

하지만 학술 용도에 활용할 경우 사실 확인이 필수이며 인공지능을 활용하는 과정에서 보안 우려도 있기에 유의하여야 한다. 기업이 프로젝트에 활용할 용도로 작업하는 과정에서 기밀성 내용을 언급하게 되고 이 정보가 유출될 가능성이 있기 때문이다. 또한 창의적인 분야에 있는 분들은 AI가 대신 상상해 주거나 독창적인 아이디어를 내어 주지 않기에 아이디에이션 과정에서 너무

의존적이 되는 것은 지양하여야 할 것이다.

참고문헌

김영희(2023). "데이터, 알고리즘, AI와 예술: 홍익대학교 디자인컨버전스학부 대학혁신지원사업 사이버강의콘텐츠개발 보고서". 홍익대학교.

Kim, Y.(2020). 〈Out-Layers〉. "Seeking For Outliers". The Block Gallery.

Shiffman, D.(2021). Koch Curve example. https://processing.org/examples/koch.html

07
AI와 예술

AI 예술과 제너러티브 아트의 유사성을 고찰하고 AI 기반 예술의 여러 접근법을 작품 예제를 통해 살펴본다. 또한 AI 예술의 시작점과 현재 진행 중인 첨단 기술과 예술의 융합 분야로서의 생성 AI 기반 예술에 대하여 다룬다.

AI와 애니메이션?

AI 예술

디지털 정보통신 기술의 발전에 따라 데이터와 알고리즘 기술이 발전하면서 뉴미디어를 탐구하는 첨단 예술 분야로 AI 예술이라고 불리는 분야가 있다. 아직은 우리에게 생소한 AI 예술 분야는 단지 생성형 AI 기술로 제작한 예술라고 생각할 수 있겠지만, 그보다 더 확장되어 가고 있는 분야라고 할 수 있다. 데이터와 AI 기술로 작품 창작을 주도하기 시작한 미디어 아트는 대중에 보급된 생성형 AI 전으로 거슬러 올라간다. 2014년에 이언 굿펠로(Ian Goodfellow)가 리드하는 연구팀이 소개한 GANs(Generative Adversaria Networks) 모델을 사용하여 작품을 생성하였는데 이미지 합성과 사진 조작, 얼굴 인식, 글과 음악 생성이 가능한 이 GANs 모델은 그 당시 예술가에게 새로운 영감을 선사하였다. 현실적인 이미지가 예측 불가능한 결과로 조작되어 생성되었던 만큼 실험적인 창작자에게 흥미로웠을 것이다. 최근에는 생성 AI 기술의 발전으로 방대한 이미지 데이터를 인공지능에게 학습시켜 프롬프트(Prompt)와 같은 간단한 설명문으로 작품의 결과물을 내는 생성 AI로 발전했다. 오픈AI와 같은 기업이 지금처럼 대중적인 이미지 생성 AI 모델로 발전시키기 전의 GANs는 연산을 위한 슈퍼컴퓨터가 필요하였고, 지금처럼 간단한 단어들의 조합이나 문장으로 작품을 생성시킬 수 없었기에 작가들에게 진입 장벽이 높고 경비가 많이 들었다. 또한 학습을 시킬 데이터가 충분하지 않았기에 합성 데이터를 사용하거나 특정 데이터 세트를 학습시켜 작품을 제작하였다. 이와 같은 이유로 이전에는 AI 예술 작업을 할 수 있는 작가들은 매우 한정적이었다. 하지만 다양한 이미지와 영상 생성 AI 모델 서비스가 대중화되면서 이러한 기술적 장벽은 허물어지면서 이제 예술 산업계에서 생성 AI는 낯설지 않은 툴이 되고 있으며 교육계에서는 빠르게 생성 AI 기반 디자인을 교육 프로그램에 적극적으로 편성시키고 있는 추세다.

AI 예술은 근본적으로는 알고리즘을 사용하는 컴퓨터 아트로부터 발전되었다고 볼 수 있다. 컴퓨팅이 없이는 가능하지 않으며 디지털 아트에 종속된다고 볼 수 있다. 간단히 말하자면, AI 예술은 AI 기술을 사용하여 창작된 예술 작품을 일컫는다. AI 시스템으로 창작을 하였거나, 사람과 AI 시스템의 협업에 의한 예술 작품도 포함된다. 데이터나 알고리즘만 사용한 제너러티브 아트와는 다르다고 할 수 있지만, '생성'의 의미를 가진 제너러티브 아트와 공통점 또한 많다.

예측 불가능(Unpredictable)

복잡성(Complex)

무한성(Unlimited)

돌연변이적(Mutating)

성장(Growing)

모방(Unoriginal)

위의 폴 맥닐(Paul McNeil)의 제너러티브 디자인의 특징을 다시 나열하여 생성 AI에 대체해 보면 이미지 생성 AI 툴로 창작한 예술 작품의 특성이라고도 할 수 있다. AI 예술은 생성 예술에 그 뿌리를 두기 때문이다.

AI예술 창작 환경에서 예측 불가능한 특성은 양날의 검과 같이 장점이자 단점이 될 수 있다. 생성될 때마다 돌연변이적인 요소가 작동하기에 현재로는 긴 영상의 요소를 생성 AI만으로 일관성 있게 재생시키기는 어렵다. 물론 이러한 기술적 장애도 미래에는 해결되지 않을까 생각되기도 하지만 말이다. 반대로, 이 예측 불가능성은 모방과 성장을 거쳐 무한적으로 새로운 결과물을 생성시킬 수 있다는 점이다. 이로 인해 AI는 단순한 콘텐츠 생산 도구의 차원을 넘어 능동적으로 상황에 맞는 결과물을 낼 수 있는 새로운 차원의 도구가 된다. 이러한 획기적인 기술은 'AI로 제작한 작품을 예술이라고 할 수 있는가?'라는 비판적인 질문을 가져오게 된다. 과거에도 보았듯이 '컴퓨터로 제작한 작품을 예술이라고 할 수 있는가?'와 '사진으로 제작된 작품을 예술이라고 할 수 있는가?'라는 질문과 유사하다. 미디어 아트는 이미 예술의 경계를 확장시켰고 이에 따른 순수 예술의 변화를 불러일으켰듯이, AI 예술도 예술의 범위를 확장시킬 것이라고 본다.

대중화되고 있는 생성형 AI 툴은 유저 인터페이스 디자이너들과 게임 업계의 원화 작가들과 같은 예술 산업계의 종사자들은 물론 다양한 직종에서의 전문가들에게 자신의 일자리의 미래가 흔들린다는 무서운 미래 예측을 가진 혁신이 된다. AI는 필연적인 변화를 전 사회적, 문화적으로 가져올 것이며 개인의 일상을 파고들며 우리의 생활에도 지대한 영향을 끼치게 될 것이다.

AI를 예술가적인 시점에서 본다면, 이 새로운 기술과 협업을 해야 하는 환경을 마주하기에 지적 호기심을 유발하는 기술임에는 틀림없다. 이전에는 가능하지 않았던 창작 환경을 주기에 AI와 협업을 하여 창작을 하거나 AI를 배우나 공연자로 학습시켜 작품으로 연출할 수 있게 되었다. 또한 예술가에게 인간처럼 사고하는 기계가 등장하면서 현 시점에서 인간의 정의를 재정립해야 하는 숙제를 안고 있다.

접근법에 따른 AI 예술의 분류

AI 예술은 데이터를 다루는 제너러티브 영상, 로봇에게 페르소나를 주어 대화를 하게 하는 로보틱 아트(robotic art), 사운드를 생성시켜 작업하거나 작품의 제작을 도와 협업하여 결과물을 도출하는 등 다양하며 더욱 더 확장될 것이다. 이러한 AI 예술을 현대 미술에서 분류를 해보자면, 크게 인공지능을 개념적으로 다루는 예술과 인공지능 기술을 사용하는 예술, 그리고 인공지능 스스로 학습하게 하여 창작하는 예술 이렇게 3가지로 나눌 수 있다.

인공지능을 개념적으로 다루는 작가의 예로는 로보틱 아트로 알려진 노진아 작가의 〈진화하는 신, 가이아〉와 같은 인간이 되고 싶은 인공지능 로봇 작품이 있다. 이 로봇은 여러 형태와 크기로 전국 미술관에서 전시되고 있는데 이 '가이아'와 같은 인공지능 로봇과 직접 대화를 나누어 본다면, 항상 인간이 되고 싶어서 고뇌하는 내용의 답을 들을 수 있다. 그러한 로봇에게 왜 인간이 되고 싶은지에 대한 질문을 하는 순간 너무나 진지하게 인간이 되고 싶어 하는 대답을 듣고는, 순간 깊은 생각을 하게 하는 작품이다. 노진아 작가는 이러한 로보틱 아트 작품을 통해 인간과 기계의 공진화에 대한 주제를 풀어나가고 있다.

AI 예술로는 데이터를 다루는 제너러티브 영상이 좀 더 대중적으로 많이 향유할 수 있다. 흥미롭게도 2023년에 개막한 서울 DDP 건축물에 전시되었던 서울라이트 페스티벌도 AI 기술을 사용한 미구엘 슈발리에(Miguel Chevalier)의 작품을 선보였다. 생성 AI를 이용한 디지털 아트인 '메타-네이처(Meta-Nature) AI'라는 작품인데 작가는 미드저니(midjourney), 달리(Dall-E) 등 다수 이미지 생성 AI 프로그램을 복합적으로 사용했다고 한다. 슈발리에는 한국과 유럽에서 사계절을 직접 경험하며 사진 데이터를 모았는데 직접 찍은 사진을 바탕으로 AI 기술로 새로운 예술 작품을 창작했다. DDP의 건축물의 곡선과 어우러진 이번 작품에 대해 그는 자연과 기술 양쪽에서 모두 영감을 받으며 "AI는 앞으로도 계속 발전할 것이며, 지속적인 영감을 줄 것"이라고 밝혔다. 슈발리에는 제너러티브 아트 작품을 꾸준히 해 온 작가이기에 AI 예술을 시도하는 데 낯설지 않았을 것이다.

인공지능 스스로 학습하여 창작하게 하는 예술의 예

로는 프랑스의 콜렉티브 팀, 오비어스(Obvious)가 있다. 2018년 크리스티 경매에서 인공지능 머신러닝 GAN으로 생성시킨 작품 〈에드몬드 드 벨라미의 초상(Edmond de Belamy)〉이 미화 43만 2500달러에 낙찰되면서 AI 예술이 대중의 관심을 가지게 된 시발점이 되었다. 이 작품은 크리스티에서 경매에 부쳐진 첫 AI 예술 작품이었다. 이제는 순수 예술가가 인공지능과 협업하여 창작하는 작품을 볼 수 있는데 자신의 드로잉 데이터를 학습시켜 새로운 드로잉으로 발전시키거나 작가가 시작한 그림을 생성 AI로 완성시키는 것은 이제 어렵지 않다.

AI 예술의 미래

생각보다 더 빠르게 진화하고 있는 AI 이미지와 영상 생성 모델 기술은 예술가는 물론, 예술 산업계의 기획자와 창작자들이 적극적으로 작업에 응용하기 시작한 동시대의 첨단기술이라고 할 수 있다. 동시에 독립적 매체로 간주될 만큼 뉴미디어로서의 새로운 속성을 지닌 AI는 미디어 아트 분야에서 예술 창작의 새로운 환경을 개척하며 뉴미디어 아트로 부상할 것으로 생각된다. 이는 기술발전만으로 되는 것이 아니고 미래 지향적인 마인드를 가진 예술가들의 끝없는 도전과 창의성으로 이루는 것이다.

LLM 기반의 생성 AI는 이제 작문도 잘 하므로 창작의 기획에서부터 작가와 협업이 가능해졌다. 그러하기에 AI 예술에서 어디까지가 인간적인 창의성이며 인공지능은 어디까지 창의적일 수 있는지에 대한 질문을 아니 할 수 없다. 예술은 이제 기교를 넘어 개념적으로, 그리고 실시간 생성적으로 발전하면서 자연스럽게 관객과 상호작용(Interaction)을 이끌어 내어 경험적 미디어로 확장되고 있다. 이러한 변화의 물결 속에서 '예술'이라는 개념은 AI 기술의 등장으로 그 정의가 다시 한번 정립되어야 하지 않을까 생각된다.

덧붙여 이미지 생성과 음원 생성 AI 결과물에 있어 학습된 오리지널 데이터의 저작권 침해에 대한 비판은 여전하며 아직 풀어야 하는 큰 숙제다. 또한 학습된 데이터에 의해 생성된 AI의 결과물은 예술의 독창성에 제한적일 수밖에 없기에 이는 작가 스스로 풀어야 하는 부분이기도 하다. 뉴미디어로 진화하고 있는 이 분야는 앞으로 더 심도 깊게 철학적으로 그리고 예술적으로 발전되고 연구되어야 할 분야임은 틀림없다.

참고문헌

노진아(2018). 〈진화하는 신, 가이아〉. YouTube.

https://www.youtube.com/watch?v=TuctsxbQ9LQ
장세민(2023.9.1). "세상에 없는 자연을 만들다"… 미구엘 슈발리에, AI로 예술을 말하다". AI타임스. https://www.aitimes.com/news/articleView.html?idxno=153314

Christie's(2018.12.12). Obvious and the interface between art and artificial intelligence. https://www.christies.com/en/stories/a-collaboration-between-two-artists-one-human-one-a-machine-0cd01f4e232f4279a525a446d60d4cd1

Cortuk, D.(2023.7.23). "Generative Adversarial Networks(GANs): A Journey into AI-Generative Art", Medium. https://medium.com/@derya.cortuk/generative-adversarial-networks-gans-a-journey-into-ai-generated-art-7b7f9e40d4f5

McNiel, P.(2003) as cited by Choi, J.(2011). Case studies on application of generative design methodology in art and design. *Journal of Digital Design, 11*(4), pp.431～440.

Obvious(2018). 〈Edmond de Belamy〉. https://obvious-art.com/portfolio/edmond-de-belamy/

08

창작 도구로서 AI

여러 분야의 산업계에서 응용되고 있는 창작 도구로 빠르게 발전되고 있는 생성 AI의 다양한 툴에 대하여 알아본다. 이러한 생성 AI 툴의 기초적인 개념과 사용 방법, 그리고 사회적 영향력에 대하여 다룬다.

AI와 인재 채용?

이미지 생성 AI

챗GPT, 퍼플렉시티(Perplexity), 제미나이(Gemini) 등과 같은 대화형 AI 서비스 툴이 검색엔진의 패러다임을 바꾸었듯이 미드저니, 달리, 스테이블 디퓨전(Stable Diffusion), 나노바나나(Nanobanana), 파이어플라이(Firefly) 등과 같은 다수의 이미지 생성 AI 툴도 빠른 발전을 하여 예술 산업계의 작업 과정의 대변을 일으키고 있다. 예전에는 일러스트레이션, 시각 디자인, 시각 효과나 디자인 영상 작업을 하기 위해서는 그림을 잘 그려야 하고 특정 소프트웨어를 사용하기 위해 수년간 숙련된 전문가를 고용하여야 하고, 그 작업 기간도 길었다. 이제는 질 높은 시각 영상 분야의 작업은 생성 AI에 의한 자동화로 인해 작업 기간이 현저히 단축되었다. 이제 디자이너들의 생성 AI 툴 응용력은 취업 시 매우 중요한 스펙이 되었으며 교육계에서는 이러한 생성 AI의 등장으로 창의 교육의 변화를 꾀하고 있다.

생성 AI의 가능성을 가장 먼저 보여 준 아보카도 의자 시리즈로 이루어진 유명한 이미지가 있다. "This avocado armchair could be the future of AI(이 아보카도 의자는 인공지능의 미래일 수 있다)" 기사에서 나온 아보카도 의자 시리즈는 기사가 나온 2021년 1월에는 큰 주목은 못 받았지만 2022년 이미지 생성 AI의 발전으로 초기 생성 AI 이미지로 자주 언급이 된다.

이렇게 작가가 상상하는 것을 생성해 주는 AI 서비스가 실용화되면서 AI가 생성한 작품이 과연 창의적이라고 할 수 있는지에 대한 질문은 계속된다. 2022년 8월 미국 콜로라도 주립 박람회 미술대회 디지털 아티스트 부문 1위를 차지한 회화 〈스페이스 오페라 극장(Space Opera Theater)〉이 있다. 그런데 이 작품은 이미지 생성 AI 미드저니로 제작된 작품이었고 주최 측은 이 사실을 모른 채 심사하였다. 이 작품이 1위를 하면서 다시금 'AI가 그린 그림을 창작물이라고 말할 수 있는가?'라는 질문에 이어 200년 전 '사진은 예술인가?'라는 질문으로 회귀할 수 있다. 또한 '예술은 어디서부터 어디까지 정의를 내려야 하는가?'라는 질문을 던지게 됨으로써 예술의 경계는 다시 허물어지고 확장된다.

입력된 데이터를 바탕으로 무언가를 예측하거나 추천해 주는 AI가 전통적인 분석 AI라면 생성 AI는 입력된 데이터를 학습한 AI 모델이 새로운 것을 '창작'하는 일이다. 어떤 만화가가 다른 만화가의 스타일을 모방하는 것은 오래 걸릴 것이다. 하지만 AI가 특정 만화가의 작품 데이터를 학습한다면, 짧은 시간 안에 그 스타일로 이미지를 생성해 낼 수 있는 것이다. 최근 열풍을 가져온 오픈AI사의 '챗GPT-4o'의 이미지 생성 모델을 사용해 일본의 유명 애니메이션 제작사의 스튜디오 지브리 스타일로 캐릭터를 생성해 주는 필터가 있다. 많은 사용자들이 이 필터를 사용하여 소셜 미디어에서 밈으로 유행하게 되었는데 이는 지브리 스튜디오의 스타일과 유사하여 저작권 침해 논란으로 이어졌다. 작품 사용 동의와 보상 없이 이뤄졌다면 저작권 침해 소지가 있다고 보는 법조계의 의견이다. 예술 분야에서 생성 AI를 경계해야 하는 이유다.

창작 도구로서 인공지능

창작 도구인 생성 AI 모델로 원하는 이미지나 영상을 생성하려면 '프롬프트(Prompt)'라는 것을 작성해야 한다. 프롬프트는 문자를 이미지로 생성하는 AI 모델에서 입력하는 입력값으로 주로 시리즈의 단어들로 이루어져 있다. 간단히 설명하자면 AI 모델에게 원하는 그림을 얻기 위해 입력해야 하는 언어라고 생각할 수 있다. 이미지 생성을 위한 프롬프트의 한 예는 아래와 같다.

그림 8-1의 이미지를 생성시키기 위해 저자가 사용한 프롬프트는 영문으로 "tiny cute {object} toy, standing

그림 8-1. 프롬프트 설명을 위해 저자가 초기 AI 모델 스테이블 디퓨전으로 생성한 이미지. 2023.

character, soft smooth lighting, soft pastel colors, 3d blender render, polycount, modular constructivism, pop surrealism, physically based rendering, square image"다. 첫 번째 시도이기에 이미지가 좀 이상하지만 좀 더 디테일한 작업을 하기 위해서는 프롬프트 단어 리스

트를 좀 더 세세하게 구성해야 하며 레퍼런스 이미지를 생성 AI 모델에 업로드하여 학습시켜도 좋은 결과를 얻을 수 있다.

좋은 프롬프트는 좋은 이미지를 훌륭한 이미지로 만들 수 있다. 또한 시각적 디테일을 구사할 수 있는 언어 능력과 상상력을 요구한다. 작가가 원하는 대로 명료하게 생성되지 않기에 아직은 생각보다 시간이 많이 소요되는 작업이다.

Open AI사의 이미지 생성 AI 모델인 달리가 있는데 인간과 비슷하게 대화가 가능한 챗GPT를 보유한 회사이기에, 챗GPT 대화창에서 자연어로 서술하여도 이미지를 생성해 준다. 이 때문에 많은 디자이너들이 대화형 생성 AI에게 생성하고자 하는 이미지의 설명문을 프롬프트로 만든 후에 이미지 생성 AI 서비스를 사용한다. 이미지 생성 AI는 계속 진화하고 있는데 궁극적으로는 명령어에 대한 높은 이해도를 가지려고 한다. 새 버전의 DALL-E 3는 폭력적, 성적, 정치적인 콘텐츠와 실존 유명인 등 일부 텍스트에 제한을 걸고 있다. 또한 광대한 이미지 데이터를 가지고 있는 이미지 라이선스 서비스사인 셔터스톡(Shutter Stock)과 정식 파트너 관계를 맺고 학습에 필요한 이미지를 제공받았다. 이 분야는 앞으로 곧 다시 많은 것이 바뀌게 될 것이고, 저자가 미래 예측을 할 수 없기에, 여기에서는 이미지 생성 AI에 대한 기본적인 원리만 서술하고자 한다.

창의적인 도구로서의 AI의 환경은 계속 변하겠지만 현재 이미지 생성 모델은 미드저니, 스테이블디퓨전, 달리, 파이어 플라이 등 다양한 모델이 오픈 소스로 좀 더 정교한 태스크 중심의 생성 AI 서비스로 빠르게 발전되고 있다. 생성 AI로 영화 트레일러를 제작하기 시작하였고, 뮤직 비디오나 광고 영상 제작에 쓰이고, 유튜버와 같은 1인 크리에이터의 짧은 영상은 생성 AI로 작업된 것을 흔하게 볼 수 있다. 영상 분야에서는 런웨이(Runway)를 필두로 소라(SORA), 클링(KLING) 비오(Veo), 나노 바나나 등 다양한 AI 모델이 생성 AI 서비스 시장에서 더 정교하고, 더 자연스러운 모션으로 영상을 생성시킬 수 있도록 경쟁을 하며 여러 크리에이터의 창작 본능을 자극하고 있다. 이미지 생성 AI 서비스인 미드저니 또한 영상 생성 툴을 개발하여 출시했다.

창의적인 도구로서의 AI는 이제 예술 분야에서 확장되어 건축, 패션, 마케팅, 만화, 영화, 게임 등에서 캐릭터 디자인 및 여러 콘셉트 디자인을 만들어 낸다. 이 중 AI로 생성시킨 건축 디자인 콘셉트 아트 작업을 하는 조슈아 버밀리언(Joshua Vermillion)이 있다. 작가가 상상하는 공간 디자인 콘셉트를 생성 AI로 만들어 내면서, 유기적인 형태의 유리로 만든 가상 세계 속 건축물과 같은 초현실적인 공간 조형물들의 디자인을 볼 수 있다. 언젠가 인공지능 툴의 도움을 받아 창작된 건축물들이 작가적 상상력을 극대화하여 표현해 줄 수 있지 않을까 생각된다.

이즈음에서 중요한 질문이 있다. 곧 AI가 인간보다 더 똑똑해지고, 인간의 창작력을 능가할 수 있는 상황이 현실로 다가올 가능성에 대해 위협으로 느껴지는지에 대한 질문이다. 물론 나의 직업이 대체될 수 있다는 점에 두려울 수 있겠지만, 지금은 예술가와 디자이너는 AI와 협업을 해야 하는 시점에 있다. 안무가인 웨인 맥그레고(Wayne McGregor)는 인공지능을 적극 활용하여 자신의 안무 창작을 더 발전시키고 있다. 수천 시간의 자신의 공연 영상을 AI에게 기계 학습을 시켜서 자신의 안무 스타일을 배우게 하여 댄서들이 실시간 협업하면서 새로운 안무를 개발할 수 있게 했다. 데이터와 AI에 대한 문해력 없이는 가능하지 않은 협업이다.

빠르게 발전되고 있는 생성 AI 기술에 의해 반복적인 작업을 AI 서비스가 대신해 주고, 작가의 스타일을 분석해 줄 수도 있기에, 우리는 이를 잘 활용해야 한다. 인공지능은 점점 일상 속에 깊이 들어오고 있고 모바일 폰에서 간단하게 이미지 보정을 하거나 새로운 이미지와 영상 생성이 가능해졌다. 이에 가장 중요한 것은 생성 AI를 다룰 줄 알면서도 자신의 스타일과 정체성을 잃지 않고 AI 툴에 휘둘려서는 안 된다는 것이다. 그러므로 예술가로서의 기본적인 소양을 쌓는 것은 변함없이 중요하다.

참고문헌

김지연(2022.9.4). "美 미술전서 AI가 그린 그림이 1위… "이것도 예술인가" 논란". 연합뉴스. https://www.yna.co.kr/view/AKR20220904008400009

Heaven, W.(2021.1.5). This Avocado Armchair could be the future of AI. MIT Technology Review. https://www.technologyreview.com/2021/01/05/1015754/avocado-armchair-future-ai-openai-deep-learning-nlp-gpt3-computer-vision-common-sense/

Wayne McGregor and Google Arts & Culture(2018.12.17.). "Live Archive: Choreography powered through AI tool". https://www.youtube.com/watch?v=qshkvUOc35A

Shutterstock. https://www.shutterstock.com/

Vermillion, J. Instagram. https://www.instagram.com/joshuavermillion/

09
AI 시대의 사회적 이슈와 예술

편향된 데이터로 학습하는 AI의 편향성은 더욱더 양극화가 된다. 또한 합성 데이터에 대한 문제점과 빠르게 인공지능으로 대체되는 직업 등과 같은 사회적 이슈를 논하며 이러한 사회적 이슈 또한 예술적 주제가 된다.

AI와 기자?

데이터가 가져오는 사회적 이슈

사회적 시각으로 데이터를 본다면, 빅데이터와 AI 기반의 애플리케이션이 발전하면서 경제적, 기업적, 제도적, 고객들을 위한 다양한 혁신의 기회를 제공하고 있다. 특히 대화형 AI와 생성형 AI는 디자인 산업에서 작업을 빠르고 효율적으로 할 수 있게 해 준다. 이와 동시에 데이터 학습으로 인해 제기되는 문제점들에 의해 데이터 애플리케이션의 윤리에 대한 이슈가 떠오른다. 버려지거나 저 해석된 데이터는 편향적인 분석으로 가게 되거나 잘못된 분석 결과를 만들 수 있고, 원하지 않거나 동의를 받지 않은 개인 데이터의 수집과 감시의 그림자는 개인 정보를 침해하거나 피싱 사기에 남용될 수 있다. 그리고 생성형 AI는 인터넷상의 대량의 이미지를 학습시켜서 새로운 이미지와 콘셉트 아트를 빠른 시간에 생성시킬 수 있어 주목을 받고 있지만, 많은 인력을 대체할 수 있어 게임 업계와 시각 영상 효과 업계의 취업난이 예상된다. 또한 인터넷상의 이미지 등 빅데이터에 대한 AI 모델의 무분별한 학습으로 인해 저작권에 대한 문제가 지속적으로 떠오르고 있다.

빅데이터는 경제적, 산업적, 제도적, 인문학적으로 다방면에 새로운 기회를 제공할 수 있기에 많은 경제학자,

과학자, 창업자, 정부 기관들이 기대에 찬 포부로 데이터 중심의 혁신을 긍정적으로 바라보았다. 하지만 다나 보이드나 케이트 크로포드와 같은 AI 인문학자들은 이토록 빠르게 데이터화된 사회에서 대두되는 문제점을 지속적으로 경계해 왔다. 데이터의 사생활 침해, 투명성, 편향성 등이 그 예시다.

데이터 투명성

데이터 투명성(Data Transparency)은 온라인 마케팅 및 디지털 미디어 디자인 기업에서 그 중요도가 높아지고 있다. 데이터 투명성은 "특정 조직 및 개인이 데이터를 수집 · 처리 · 제공 시, 이에 대한 정확도 혹은 출처에 대한 신뢰성"을 말한다. 출처를 모르는 데이터로 분석하거나, 인공지능에게 기계 학습을 시켰을 때, 그 결과를 우리는 얼마나 신뢰를 할 수 있는지 사실 모른다.

여러 사회적 이슈들은 사실 모두 서로 관계가 있다. 데이터 투명성은 언제, 어디서, 누가, 어떤 의도로, 누구의 혹은 무엇에 대한 데이터를 수집하게 되고 어떻게 분석하고 가공하여 사용하는지에 대한 질문에서 시작된다. 특히 데이터 투명성은 특정 데이터의 수집, 프로세스, 결과물, 보관 등에 관한 투명한 정보다.

그 반대로 '블랙박스(Black Box)'라고 부르는 시스템이 있다. 블랙박스라고 불리는 기기는 많은데 여기서 지칭하는 블랙박스는 자동차나 비행기에 있는 블랙박스가 아니라, 기능은 알지만 작동 원리를 이해할 수 없는 복잡한 기계 장치나 시스템, 물체다. AI 분야에서 사용하는 알고리즘과 머신러닝에 대한 기업의 폐쇄성에 대하여 업계에서는 블랙박스라고 부르고 데이터 투명성을 위해 블랙박스를 없애야 한다고 주장하는 이들이 많다. 빅토리아 디그넘(Victoria Dignum)의 미디움(Medium) 기사도 제시하였듯이, 인공지능의 모델 디자인이 가치를 가지기 위해서는 데이터의 개방성, 데이터 프로세스의 개방성, 보관자와 보관 데이터에 대한 개방성을 가져야 한다.

개인정보 침해

개인정보는 존중되어야 한다는 것을 우리는 이제 교육을 통해 잘 알고 있다. 개인정보 정책 위반은 개인의 기본적인 인권과 자유를 침해할 수 있고, 개인 ID 도용이나 사이버 해킹과 같은 범죄에 악용될 수 있다. 원하지 않는 개인정보를 수집하거나, 제3자에게 허락 없이 제공하는 경우는 개인정보보호법을 침해하게 된다. 특히 개인의 건강 데이터나 경제 데이터는 보호되어야 하는 데이터다. 또한 나의 얼굴이나 목소리 데이터를 인공지능으로 학습시켜 원하지 않는 가짜 동영상을 만들거나, 피싱 범죄에 노출될 수도 있다.

이 중 관심을 가져야 하는 것은 CCTV 속 데이터와 소셜 미디어 계정 속에서의 개인 데이터나 상품을 구매하기 위하여 제공한 개인의 DNA 데이터같이 민감한 데이터다. 이러한 데이터는 어떻게 관리되고 있는지 투명하지가 않다. 지난 팬데믹 상황에서 개인의 위치 추적을 하는 것도 사생활에 대한 데이터이기에 공공의 안전과 개인정보 보호 사이에서 윤리적 갈등이 있었던 것으로 기억한다. 독자들도 일상 속 우리의 모든 행동과 선택들이 데이터화되는 시대에 살면서 존중받아야 하는 개인정보가 어디에선가 누출되고 있는지 한 번쯤은 스스로 생각해 보아야 할 것 같다.

데이터 오판과 불평등한 데이터 접근성

빅데이터 시대에 도래하는 사회적 이슈, 그 세 번째는 오해되는(misleading) 데이터다. 사회·인문학적으로 보았을 때 데이터 분석에 대한 정확성은 오해의 소지가 있지만 데이터라는 강력한 단어에 의해 그 결과를 맹신하는 경우가 있다. 숫자 데이터라 하더라도 연구자가 그 데이터 세트를 이해하기 위하여 해석하는 순간 해석자 개인의 주관적인 편향성의 필터를 거치게 된다. 또한 데이터 수집, 분석, 해석 프로세스 중 생기는 미세한 오류는 결과적으로 과정의 끝에서 더 커진다.

또 다른 사회적 이슈로는 불평등한 데이터 접근성과 데이터 문해력, 그리고 불평등한 AI 접근성이 있다. '데이터 문해력(Data Literacy)'이란 데이터를 목적에 맞게 생성하는 역량, 데이터 속 숨어 있는 의미를 찾아 이해하는 역량, 해석된 결과를 업무에 적용하고 데이터로 소통할 수 있는 역량으로 이해할 수 있다. '데이터 시각화' 능력도 데이터 문해력의 한 종류라고 할 수 있겠다. 디지털 문해력이 중요해진 것처럼 이제는 데이터와 AI 문해력이 필요한 시대다. 현재 검색엔진 기업과 소셜 미디어 기업이 가장 방대한 데이터를 소유하고 있다. 어떤 기업은 데이터를 개방하지 않고, 또 어떤 기업은 데이터를 비싼 값에 제3자에게 제공하고 있다. 데이터와 AI에 접근할 수 있는 특권을 가진 자와 그렇지 않은 자 사이의 넓어지는 갭은 새로운 디지털 문해력의 갭을 만든다. 그러하기에 현재의 우리는 데이터에 관심을 가져야 한다. 미래의 디자이너, 예술가, 창업가, 개발자 등 모두 AI를 작동하게 하는 데이터가 무엇인지 관심 깊게 생각을 해 보아야 한다.

생성 AI가 도래한 사회적 문제점

생성 AI는 좋은 아이디어를 가진 소수의 개인이 새로운 프로젝트를 실행할 때 효율적인 생산을 하도록 도와주지만 동시에 잘못된 정보를 다량으로 유포하거나, 가짜 뉴스 생성을 통한 여론 조작을 할 수 있다. 그래서 생성 AI로 보고서나 기사를 작성할 시에는 사실 체크가 필수다. 이는 생성 AI 모델이 어떤 데이터로 학습했는지 불투명하기 때문이다.

챗GPT와 같은 대화형 생성 AI는 사실과 다른 정보를 유포할 수 있다. '세종대왕 맥북 던짐 사건'과 같은 말도 안 되는 사건에 관해 물으면 그럴듯한 답을 지어내거나, 동네 맛집을 추천해 달라고 했더니 실제로 존재하지 않는 가게 이름을 지어내거나 존재하지 않는 논문을 있는 것처럼 설명할 수 있다. 현재의 발전된 버전의 생성 AI는 유료화하거나 서치 엔진을 탑재하여 허무맹랑한 말은 전보다 현저히 줄어들었지만 여전히 오류가 있는 답을 제시하므로 사실 체크는 중요하다. 대화형 생성 AI는 말을 그럴듯하게 하며 확률적으로 적절한 표현을 만드는 것이 목표이지 검증된 정보를 전달하는 목적으로 만들어진 게 아니기 때문이다. 업계에선 이를 '환각'(hallucination)이라 부른다. 개발사 오픈AI 역시 챗

GPT4에 관해 "여전히 '환각'을 갖고 답을 지어내며 틀렸을 때에도 옳다고 주장하는 경향도 있다"고 밝히고 있다.

따라서 학술적으로 활용할 때는 사실 확인이 필수적이다. 뉴스 기사나 동영상을 접할 때도 사실 검증이 중요했지만, 앞으로는 그 중요성이 더욱 커질 것이다. 이는 생성형 AI를 이용해 가짜 뉴스나 영상이 제작·유포되는 사례가 점점 늘고 있기 때문이다.

생성 AI를 활용하는 과정에서 보안의 우려도 있다. 기업이 프로젝트에 활용할 용도로 대화형 생성 AI와 함께 작업하는 과정에서 기밀성 내용을 AI에게 언급하게 되고 이 정보를 생성 AI 모델이 학습 데이터로 사용하면서 유출될 가능성이 있기 때문이다.

또한 인터넷상의 데이터로 학습한 AI 모델은 저작권 침해를 할 수 있다. 글, 음악, 그림 등 창작하는 모든 콘텐츠를 데이터로 학습할 수 있기 때문이다. 이에 자신만의 스타일을 창작한 일러스트레이터와 같은 작가들은 자신의 작품 이미지를 AI 모델이 학습하는 것에 반대하는 운동을 벌이기도 했다. 인공지능 관련 저작권에 대한 제도와 법은 앞으로 발전되고 보완되어야 할 것이다.

AI 모델을 학습시키기 위한 데이터가 충분치 않을 때에는 개인정보 보호와 경제적 효율성을 위해 합성 데이터를 사용하는데, 이는 AI가 점점 더 괴이한 결과물을 생성시킨다는 또 다른 문제를 가져온다.

생성 AI 모델이 연산을 하기 위해서는 슈퍼컴퓨터가 대량으로 필요하며 이는 급격한 양의 에너지 소모와 탄소 배출로 이어진다. 에너지 문제는 우리에게 여전히 큰 문제로 남아 있다.

생성형 AI 기술의 급격한 발전으로 예술 업계에서 미래의 디자이너들은 AI가 대체하는 직업과 실직 위험 등 사회적 여파에 대한 관심을 많이 가지고 있다. 실제로 인공지능이 많은 업무를 대체하기 때문이다. 마이크로소프트사와 같은 IT 대기업에서 구조조정으로 많은 직원들이 직장을 잃어 뉴스에 올랐다. VFX 영상 시각 효과로 유명한 글로벌 기업 더 밀 스튜디오(The Mill Studio)는 2025년 2월 테크니컬러사의 파산으로 미국 지사의 문을 닫으며 많은 중견 모션그래픽 디자이너들이 직장을 잃은 일도 있었는데, 국내 지사도 그에 따른 큰 동요가 있었다. 업계에서는 생성 AI 기술의 발전과 무관하다고 볼 수 없다는 생각을 가지지 않을까 추측해 본다.

이러한 변화와 함께 생성 AI의 대중화로 교육 환경에 급격한 변화를 가져오고 있다. 기초 지식 없이 인공지능에 의존하여 중요한 내용을 학습하지 않거나 예술 교육에서 학생들에게 어디까지 인공지능을 사용할 수 있게 해야 하는지, 그리고 AI 교육은 어떻게 준비해야 하는지에 대한 고민은 교육자들의 글로벌한 과제일 것이며 앞으로 많은 연구가 지속적으로 뒤따라야 한다.

참고문헌

김영희(2021.4.9). "데이터 편견, 데이터아트로 승화하다". AI타임스. https://www.aitimes.com/news/articleView.html?idxno=134774

김영희(2023). "데이터, 알고리즘, AI와 예술: 홍익대학교 디자인컨버전스학부 내학혁신지원사업 사이버강의콘텐츠개발 보고서". 홍익대학교.

최영호(2025.3.4). "더 밀, 테크니컬러 파산에 따라 셧다운... 단, 더 밀 US는 드림 머신 FX에서 아크 크리에이티브로 시작하다". 매드타임스. https://www.madtimes.org/news/articleView.html?idxno=23298

boyd, d. & Crawford, K.(2012). Critical Questions For Big Data. *Information, Communication & Society, 15*(5), pp.662~679.

Dignum, V.(2018.1.26). On bias, black-boxes and the quest for transparency in artificial intelligence. Medium. https://medium.com/@virginiadignum/on-bias-black-boxes-and-the-quest-for-transparency-in-artificial-intelligence-bcde64f59f5b

10
예술 산업의 변화

AI의 발전으로 앞으로 예술 산업에 영향을 끼치게 될 변화를 다룬다. 또한 AI가 뉴미디어로 발전 중이라면 과거 컴퓨터가 툴에서 매체로 발전되었던 것처럼 예술가들의 상상력을 살린 고도화된 기술의 활용이 중요한 요소가 될 것이다.

AI와 미래 의사?

예술과 AI 기술의 융합

예술과 혁신적인 콘텐츠 기술이 융합하면 새로운 미디어로 거듭난다. AI가 뉴미디어인지에 대한 질문을 스스로 해 보았을 때, 그 답을 2025년 서울에서 아트센터 나비의 주체로 서울 예술의 전당과 서울대학교에서 개최한 제30회 국제전자예술심포지엄(ISEA-International Symposium on Electronic Art)에서 찾을 수 있다. ISEA는 뉴미디어 아트 전시, 아티스트 토크, 세미나, 학술대회, 공연 등의 다양한 프로그램으로 6일간 진행되는 국제 심포지엄으로 2025년 올해로 30회를 맞았다. 6년 전에도 ISEA 2019가 한국에서 최초로 개최되었는데, 광주 아시아문화전당에서 6일간 미디어 아트의 최전선에 있는 전 세계의 작가들의 전시, 공연 발표로 구성되었다.

저자가 ISEA 2019에 아티스트 토크에 참여하면서 느낀 점은 비록 6년 전, 팬데믹 시기 이전이었지만, AI 아트, 로보틱 아트, 데이터 시각화와 데이터 아트, 가상현실(VR)과 증강현실(AR)을 포함한 확장현실(XR), 그리고 바이오 아트, 이렇게 5가지의 방향으로 글로벌 뉴미디어 아티스트들의 작품 장르들을 좁힐 수 있어 보였다. 그 시기는 4차 산업혁명과 팬데믹 상황을 맞이하며 국내외의 미디어 아트 분야에서는 데이터를 학습시키고, 인공지능으로 생각하고, 움직이고, 시각화하는 예술 활동, 그리고 메타버스라는 새로운 디지털 지구 세상 속 가상현실과 증강현실 속에서 상상력을 펼치며 새로운 미래를 꿈꾸기도 하며, 현 실상을 비판하기도 했다.

최근 서울에서 개최된 ISEA 2025에서는 데이터와 AI를 빼고는 생각할 수 없을 정도로 다수의 미디어 아트 작품들이 AI를 사용하여 작품을 생성시키고 학습시키는 것을 볼 수 있었는데 그중 황자양 작가의 〈이페미라 2.0: 항체로서의 예술(Ephemera 2.0: Art as Antibody)〉이 눈에 띄었다. 이 작품은 "바이러스와 같은 언어, 항체로서의 예술"을 주제로 AI 기술을 사용하여 터부(Taboo)시된 말이 시스템의 마이크 인풋으로 들릴 때, 바이러스와 같은 유기체가 드로잉 콜라주로 이루어진 초현실적인 느낌의 3D 디지털 공간에 드러내는 디지털 생태계를 만들었다. 관객은 자신의 언어가 실시간으로 통제되는지 작품을 통해서 살펴볼 수 있다. 이러한 작품을 보면서 저자는 앞으로 AI 예술이 뉴미디어로서 어떤 방향으로 진화할지 사뭇 기대가 된다. ISEA 2025에 전시된 관련 작품은 https://isea2025.isea-international.org에서 검색할 수 있다.

엔터테인먼트 산업과 AI

엔터테인먼트 디자인 산업계에서의 AI 활용성은 그 비중이 더욱더 커지고 있다. 생성형 AI가 게임 개발 및 뮤직 비디오와 같은 디지털 콘텐츠 창작 활동에 끼치는 영향이 점점 커지고 있다는 것이다. 하버드 비즈니스 리뷰(Harvard Business Review)에 실린 'How Generative AI Is Changing Creative Work(생성 AI가 어떻게 창작을 바꾸고 있는가)'라는 제목의 기사에 의하면 디지털 콘텐츠 제작에서 생성 AI 툴을 활용하면서 생겨나는 효율성을 콘텐츠 생성의 자동화, 가성비를 갖춘 콘텐츠의 질적 향상, 콘텐츠의 다양화, 그리고 콘텐츠의 개인화를 꼽는다.

인공지능은 이제 예술 분야에서 확장되어 건축, 패션, 마케팅, 만화, 영화, 게임, 서비스 디자인 등에서 캐릭터 디자인 및 여러 콘셉트 디자인과 서비스를 만들어 낸다. 생성 AI 기술의 물결을 타고 초기 생성 AI 모델로 창작한 두 광고가 있는데 미술관에서 유명 작품이 살아 숨 쉬는 장면을 표현한 2023년 코카콜라 광고와 '아보카도 의자 시리즈'처럼 생성 AI로 다양한 케첩 병 디자인으로 표현한 하인즈 케첩 광고다.

만약 1인 기업에서 생성 AI로 광고를 제작한다면 광고 카피를 작성해 주는 AI와 이미지 생성 AI, 그리고 영상과 음악을 생성해 주는 AI 모델을 사용한다면 첫 버전을 제작하는 데 약 45분 정도 걸린다. 물론 수정 보완의 시간이 더 많이 소요되겠지만 결론적으로는 작업 시간에서 획기적인 효율성을 가져올 수 있다. 이제 단순히 반복되는 작업을 하는 직업은 점점 소멸될 것이다. 이러한 작업 시간 단축과 작업 효율성 때문에 생성 AI를 디자인 작업이나 새로운 콘텐츠 창작 작업에 활용하는 것은 점점 더 일상이 되어 가고 있다. 디자이너는 단순 반복적인 작업보다는 좀 더 창의적인 기획과 연출에 시간을 더 쏟아 넣을 수 있을 것이다.

웹툰 창작에서는 작가의 스타일과 스토리텔링이 중요하며 작업 시간이 많이 소요된다. 국내 벤처 기업 ㈜툰스퀘어는 웹툰 창작 작업을 위한 생성 AI 서비스를 출시했다. 이 기업의 이호영 대표는 인터랙티브 디자이너 출신이다. 생성형 AI 기술로 개발된 이 서비스는 텍스트로 쉽게 만화를 생성할 수 있다. 배경이나 캐릭터를 3D화하여 프레임 속 카메라 각도를 조정할 수 있으며, 협약을 맺은 웹툰 작가의 작화 스타일을 AI에게 학습시켜 결과물이 생성되도록 한다. 이러한 생성 AI 서비스는 아직 저작권에 대하여 해결할 점이 많겠지만 음성 데이터로 학습하여 원하는 곡을 부를 수 있는 생성 AI 보이스 오버

(Voice Over) 서비스 슈퍼톤(Supertone) AI 모델과 같이 앞으로 많은 발전을 가져올 분야다.

실제로 챗GPT가 등장한 이후로 일상적인 업무에 적극적으로 인공지능 툴을 활용하는 국내인들이 정말 많아졌다. 마찬가지로 게임 개발 분야에서도 AI는 생산성의 효율을 끌어올린다. 유니티나 언리얼 게임엔진 시스템에서 AI 에셋(ASSET) 시장으로 1인 개발자 시대가 왔다고 할 수도 있다. 게임 제작 속 미래의 AI는 자동 생성되는 게임 디자인, 데이터 주석과 손짓, 소리, 영상 인식 기반 게임들을 제작해 줄 수 있게 된다. 현재는 효율적인 생산성으로 거의 모든 게임 제작에 AI를 응용하고 있다고 보아도 무리는 아니겠지만, 강인공지능이 게임 개발에 쓰이는 시대가 오면, 확실히 더욱더 많이 달라질 것이다. 그 이전에 생활상부터가 크게 변하긴 하겠지만, 자연스럽게 인간과 대화가 가능한 AI 모델 정도로 놀라기엔 너무나 많은 변화가 다가올 것이다.

미디어 아트나 게임 디자인을 위한 디지털 콘텐츠 디자인 외에 간단한 포스터 디자인이나 전시회의 제목과 설명글, 그리고 리플릿용 그래픽 디자인이 AI 모델 서비스로 생성된 것을 이제 종종 볼 수 있다. 그렇다면, 이제 디자인 산업계에서는 얼마나 잘 그릴 수 있느냐 하는 테크닉보다는 디자이너의 상상력과 기획력 그리고 그것을 시각적, 다원적 언어로 표현할 수 있는 연출 능력 등이 요구될 것이다.

업계의 전문가들은 생성형 AI를 활용한 콘텐츠 제작과 학습 과정에서의 저작권 문제에 대응하기 위한 법·제도 정비가 선제적으로 이뤄져야 한다고 권고한다. 안타깝게도 현재로서는 플랫폼 차원에서 자율적으로 이뤄지는 검수에 의존할 수밖에 없는 상황이다.

예술가들은 데이터를 가지고 AI 기술을 응용하여 작품을 창작할 수 있는, 이러한 인공지능 시대에 도래함으로써 어쩌면 AI와 인간의 다른 점을 찾기 위해 무엇이 인간성을 대변할 수 있는지에 대한 재정의를 내리고 동시대의 첨단 기술인 AI에 대한 고찰을 하며 창작 활동을 이어 나아가야 할 것이다. 앞으로 여러분들은 더 자주, 더 많이 데이터, 알고리즘과 인공지능을 마주하게 될 것이다. 데이터와 인공지능의 문제점과 윤리적 해결법은 아직 우리에게 큰 숙제로 남아 있다. 동시에 데이터와 인공지능이 우리에게 가져오는 새로운 기회와 새로운 창작 프로세스로 인해 우리의 상상력은 더욱더 날개를 달 것이다.

참고문헌

툰스퀘어. https://www.toonsquare.co/home

황자양(2025). 〈이페미라 2.0: 항체로서의 예술(Ephemera 2.0: Art as Antibody)〉. https://isea-archives.siggraph.org/art-events/ephemera-2-0-art-as-antibody-by-jiayang-huang/

Coca-Cola(2023). 〈Coca-Cola Masterpiece(Ad)〉. YouTube. https://www.youtube.com/watch?v=VGa1imApfdg

Davenport, T. H. & Mittal, N.(2022.11.24). How Generative AI is Changing Creative work. Harvard Business Review. https://hbr.org/2022/11/how-generative-ai-is-changing-creative-work

Heinz(2022). 〈Heinz AI Ketchup(Ad)〉. YouTube. https://www.youtube.com/watch?v=LFmpVy6eGXs&t=39s

International Symposium on Electronic Art 2019. https://isea-archives.siggraph.org/symposium/isea2019-25th-international-symposium-on-electronic-art/

International Symposium on Electronic Art 2025. https://isea2025.isea-international.org/

Supertone. https://www.supertone.ai/en

김영희

홍익대학교 디자인컨버전스학부 교수이자 미디어 아티스트다. 퀸즐랜드공과대학교(QUT)에서 데이터아트를 주제로 미술학 박사 학위를 받았다. 뉴욕 파슨스스쿨오브디자인에서 예술 학사 학위를, 뉴욕대학교 ITP에서 석사 학위를 받았고 2007년 홍익대학교에 인터랙션 디자인 분야 교수로 임용된 후 디지털미디어디자인 전공주임, 디자인컨버전스 학부장을 역임했다. 최근 제 30회 국제전자예술심포지움(ISEA)에서 아티스트 토크 조직위원으로 활동했고, 국제 Art & HCI 저널 《Digital Creativity》에서 다년간 편집위원으로 활동하고 있다. ACM CHI, SIGGRAPH, TEI 등 다수의 국제 학회에서 논문 발표 및 작품 전시를 가졌으며, KCI, SCOPUS 등 등재 학술지에 논문을 게재했다. 2023년 12월 데이터 아트 개인전 〈겹겹, 그 두 번째〉를 포함 10회의 미디어아트 개인전과 약 40회 이상의 기획전을 가졌다.